轉個念
心讓世界大不同

作者 曉亞

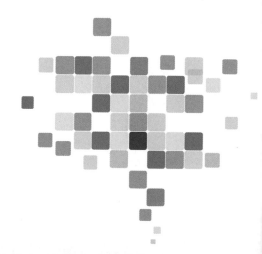

心，是我們的老師

本書作者曉亞菩薩長年旅居美國洛杉磯，二〇〇六年因其母親的一場病，而開啟與佛法及法鼓山的緣分，也成了恩師聖嚴師父的皈依弟子。近年來，她除了在法鼓山洛杉磯道場擔任義工之外，更以她的生花妙筆，為道場所舉辦的許多活動寫下精彩報導，與海內外四眾佛子分享。

二〇一四年，曉亞菩薩在法鼓山《人生雜誌》中開闢「修行在ＬＡ」專欄，從日常生活、生命經驗，以及所見所聞出發，觀點皆與佛法的慈悲和智慧相應。此外，文中旁徵博引科學、醫學、文學、時事等諸多領域，共同譜出深入且豐富的對談。在她筆下，看來尋常的每個生命片段，卻閃耀著智慧光芒。

這本《轉個念，心讓世界大不同》便是專欄裡許多雋永好文的集結。顧名思義，書中探討的是「心」，作者娓娓道來，對讀者們「談心」，也談「心」。

正如聖嚴師父所說：「環境是我們的鏡子，心是我們的老師。」法鼓山多年來推廣的「心靈環保」，便是強調以觀念的導正，來提升人的素質，使內心能夠不受環境的衝擊，還能以健康的心態，面對現實，處理問題。

尤其現代人身處於多元、快速變化的數位網路時代，經常處於忙碌、緊張、壓力之中，更需要以「心靈環保」照顧好自己的心，保持內心平穩及安定。因此，我也提出「心靈環保六要領」，做為實踐的步驟：

順境逆境心平靜，禪修念佛心安定；
慚愧懺悔心清淨，法喜禪悅心明鏡；
感恩報恩獻生命，慈悲智慧樂和敬。

其實，生活中充滿著開啟我們智慧與慈悲的契機，就看能不能夠如曉亞菩薩在書中呈現的次第，從覺照心念開始，進而放鬆身心、調心轉念、開啟善念，淨化為得心自在。

推薦大家享受這本視野廣闊、意境深遠的好書，祝願各位從中得到賞讀的喜悅與心靈的啟迪！

法鼓山方文　果東法師

文字的魔棒

今天早晨陽光燦爛，氣溫卻只有攝氏五度。頂著冷冽寒風出門，決定嘗試一條平日罕走的路徑。

經過一座小學校園，看著小朋友活潑地奔跑笑鬧，腳下的步履不知不覺也跟著輕快起來。突然，不遠處看到一隻白色有著醒目棕黑耳朵的小狗，在街道上來回蹣跚走著，雖然身上穿著藍色棉襖外套，仍然簌簌發抖，可能是害怕吧。我和另一位開車的老美太太同時發現了牠，想趨前安撫，小白狗卻往相反方向越走越遠。「你車上有任何食物嗎？」我問那位女士，「有的，我有一些狗食在車上。」在這個時候，我趕上了那隻小狗，嘗試輕拍牠的背部。小白狗似乎感受到我們的善意，不再逃跑，並吃起了那位女士手上的乾糧。

小狗的四肢不停顫抖，不知道已經在寒風中找尋回家的路多久了。牠的頸上掛著一個心型紅色小金屬牌，上頭寫著：“Lucky”還有兩組電話號碼，原來牠的名字叫Lucky。我們趕緊撥了電話嘗試聯絡主人，可是兩個號碼都無人接聽。我和那位女士互相對望，總不能把小狗留在這兒不管吧？「我實在不想把牠送去動物收容所，牠那麼可憐，這樣好了，我先暫時把牠送去媽媽那兒，再靜候主人回音。」那位有著美麗褐色眼睛的善心女士決定把小狗抱上車。我發自內心很誠懇地向她表示謝意，謝謝她讓小狗不用再於寒冷天氣中漫無目的流浪，並有很大的機會在短時間內能重回主人懷抱。沒想到，她反過來也向我道謝，謝謝我願意停下腳步，與她一同陪伴走失的狗狗。

這位女士和我原本是全然不相識的陌生人，因為一隻回不了家的小狗，有了聯繫。是一份善意縮短了人與人之間的距離。在這個時候，族裔、語言、性別、職業……，這些表象的東西都不存在，因為我們的心念處在同一個良善的頻道上互相觸動。

這本書大部分篇章都是發表於《人生雜誌》「修行在ＬＡ」專欄，這個專欄寫了兩年多。在書寫的過程中，讓我有機會抽絲剝繭將心中的思緒、體悟慢慢沉澱，使其更為清晰、明朗，藉由文字與大家分享其中的點點滴滴，並時常反思如何讓每天都能有些進步，所以這也是一場自我的對話，與學習的歷程。

許多讀者敞開心胸與我暢談修行心得與所遭遇到的困難、瓶頸，這樣全然信任的交心，令人感動。一位讀者在我的臉書上留言：「從《人生雜誌》認識妳，非常喜歡妳的文章與每次的分享，修學佛法起步得晚，礙於現狀無法非常精進，但總是以自己能夠做的盡量去薰習！每次收到雜誌便好期待妳的文章，每次都能讓我有所收獲，謝謝妳！」寫作就是這樣一份非常個人，但又往往於不經意間與隱藏在各個角落、許許多多身影充滿電光石火交流、靈犀相通的工作。也許，書中的一段話，幾個文句，可能都是打開你心中一盞燈的開關，這些都是良善意念的循環與傳播。如果你在偶然的機會下拿起了這本書，開始閱讀，或許便會明白其中的涵義。

我把這些篇章整理歸納成五個章節：從心開始、快樂的飛翔、糊塗過日子、心的主人及當下的美妙。

如果說這個世界上最難捉摸、掌握的東西，大概就是我們的「心」吧。中文裡關於「心」有很多生動的語詞，當我們的心處於平靜的狀態：心平氣和、心如止水、平心靜氣、心領神會……；當我們的心不受約束：心浮氣燥、心慌意亂、三心二意、心猿意馬……。可見「心」是如何以我們意想不到的程度與方式，掌控、影響每一天的生活。

絕大部分時候，心都像是一隻猿猴般蹦蹦跳跳，不受拘束，很難有安靜下來的片刻時光。唯有心安定下來，不再隨著外界的一切因緣起舞，才能擺脫所有外相干擾，過著最貼近本心的生活，真正以覺知的態度，腳踏實地過日子。

朋友說，我的文字具有一種療癒的力量。因為出書，回頭再細讀這幾年創作的文稿，有些篇章會讓我有種不知靈感從何而來、當時又是如何完成的感覺，好像接上了宇宙天線，文字自己便排列組合成了最後的樣貌。如果，在夜深人靜、獨處時，閱讀這本書，其中不管是哪個段落，哪幾句話，你也感受到了些許療癒的氛圍，那就表示你可能也接上了某一條宇宙天線，在相同頻率中，激起正面火花與能量交匯。

感謝「四塊玉文創」提供這個寶貴的平台，讓文字去做自己的工，如同魔棒灑下金粉，隨處飄舞，去完成所被賦予的使命。繼續心，可以很渺小，也可以無限廣大。繼續以一顆簡單、真純的心，在每一個平凡的日子裏，發現細微處的所有美善與啟悟，世界真美好！

二〇一六年十二月初冬時節　美國洛杉磯

曉亞

目錄

Chapter 4 心的主人

Chapter 5 當下的美妙

Chapter 01

從心開始

事物所呈現的表相隨著我們的喜怒哀樂而改變，

是我們的心念讓我們見著其中的神奇與美麗。

——紀伯倫(哲學家與詩人，1883～1931)

01

擁有幸福的能量

想要擁有幸福快樂的生活，就讓自己內心盈滿所有正面思維。
從今天開始，學著做一個正向思考的人，讓身心包裹在正向能量的氛圍中。

心念力量的強大，往往超乎我們的想像。

多年前，日本ＩＨＭ研究機構的江本勝博士，運用高速攝影的技術觀察水結晶的變化，它讓水聽音樂、閱讀文字，發現當水接收到如「善良、神聖、感恩」的正面訊息時，鏡頭下即呈現瑰麗完美的六角形結晶；而當送出去的訊息是「痛苦、焦慮、怨恨」時，水結晶即呈現扭曲醜陋的樣貌。這證明了，所有的意念、感受、情緒，包括文字、聲音、影像，都是具備能量的，且這股能量能夠強大到改變水分子的物質型態與結構。

江本勝博士將此研究結果記錄在《水的訊息》、《生命的答案，水知道》等書中，讓大家見識到，原來水是這樣一種具有生命力的存在，它能夠閱讀，還會聽音樂、記憶並傳遞訊息，在接收不一樣訊息下所展現出來截然不同的結晶型態，說明了，宇宙間所有東西，不管是有形的物質抑或無形的意念，皆會散發出或強烈或微弱的能量，而且這些能量會相互作用影響。

有一次和一位朋友對著一杯普通的白開水用能量管進行能量的測試，結果顯現出逆時鐘旋轉的負能量；接著我們開始對它用很虔誠的心祈禱、送出祝福，一分鐘後，再測試一遍，驚奇的是，這次能量管竟然是順時鐘旋轉，代表了眼前的這杯水已經從負能量轉變成正能量的狀態。區區幾句言語與心念的力量，便能夠在短暫的時間改變一杯水的能量，這無疑是更加肯定了意念心力所能對外在世界進行改造的驚異功能。

既然**我們的心念是如此具有強大威力的能量體，我們要更加小心翼翼每一個起心動念，讓自己的意念時刻都保持在正面能量的狀態，以正向思考做為思維的模式，避免杞人憂天、怨天尤人的負面思想。**佛法中有所謂的「阿拉耶識」，是我們的第八識，它會記錄平日所有累積的思想意念，不論是好的、壞的，其結果都將呈現於未來某一點。如果現下所輸入的訊息是成功、快樂、歡喜，則未來的生活就會是開朗、肯定、幸福的；反之，如果一個人整天愁眉苦臉，阿拉耶識所接收到的全是失敗、絕望、悲慘的，那麼他的未來肯定也會朝著這個方向走。

在你的生活當中一定有過這樣的經驗，當心情愉悅、身心舒暢的時候，覺得做每一件事情都得心應手，似乎被幸運之神所眷顧無往不利，運氣好到不得了；有時候，卻感覺衰運連連，越是心情低落鬱悶時，運氣越背，什麼樣倒楣的事都會碰上。其實，這些都是你心念力量的作用，一個人的心力越強，越能夠反映投射在生活中。

尼爾・唐納・沃許（Neale Donald Walsch）在暢銷全球的著作《與神對話》（Conversations with God）中提到，思維是一種純能量，你的每個思想、每個聲明、每種感受都具備創造性，按照它被認為是真實的強烈程度，在現實生活中以相等程度顯現出來。所以祈禱、希望、夢想、恐懼不僅僅存在於你的腦袋中，還會以事件、狀況、環境的方式真正被創造出來。中國有一句古老的祝福語：心想事成，與這個道理是相呼應的，它不只是一句空話，而是告訴我們，心念能量的確存在，朝思暮想的事一定會在某個時空下、因緣成熟之際真正發生，它的能否實際出現在生活中以及發生時間的快慢，都與你對這個念頭、感覺的信仰程度相關。

因此，千萬不要讓恐懼、痛苦及負面的想法佔據你的思緒，因為它只會把你擔憂害怕的東西吸引到你的人生當中；想要擁有幸福快樂的生活，就讓自己的心內盈滿所有正面的思維，這些思維所散發出的正向能量將會把你與其他類似的正向能量聚集在一塊，形成更強的一股能量團，可能是一個貴人、一個好時機就會在這個時候翩然出現。所以，**不要羨慕別人為什麼老是運氣好，總是遇到貴人相助或千載難逢的寶貴機會，這些好運道都是要靠自己去創造出來的。**有時奇蹟的發生，就是心念極強的個人或一群人集體意念展現的成果。

看到那些在顯微鏡頭下因為聆聽貝多芬樂曲產生光燦盈亮結晶體的畫面，於之後重金屬音樂震撼下水結晶凌亂毀損的不堪變化，便能明白宇宙萬物都是能量體的存在，我們所送出去的每個訊息，不管是想法、感覺、情緒、意念、言語、行為，都會交互作用影響，並且在未來某個時間點回到自身。想要創造、擁有幸福人生，就要**從今天開始，學著做一個正向思考的人，全面掃除腦袋中所有負面陰暗的思維，隨時提醒自己要以祝福代替擔憂、感恩取代挑剔、寬容代替指責，盡量與樂觀開朗的人為伍，遠離負面能量的人與事，讓身心包裹在正向能量的氛圍之中，**就算不明白好運什麼時候會降臨，也會每天以知足感恩的態度開開心心過日子。

01

你是你所想

心念是一種能量，當你如何想的時候，就是向全世界召告你就是什麼。以積極樂觀的心態面對周遭一切，心轉，境界也就轉變了。

美國作者尼爾・唐納・沃許寫了一系列《與神對話》書籍，在全世界暢銷了十多年，書中所描述的許多觀點都非常有趣且發人深省。比如說，時間是不存在的，沒有過去、沒有未來，只有現在；所有人都是一體的，是這個宇宙巨大能量體的個體化結果；我們來到這世上是為了要體驗本質究竟為何，唯有透過相對世界的物質化經驗，藉由事件與所創造出的一切，才能決定你是誰。

其中有個例子很有意思，有一個小靈魂，知道自己是光，但它所存在的領域除了光沒有別的東西，每個靈魂都是最燦爛的光，都是莊嚴華美的，這個小靈魂在其間彷彿是陽光中的一支蠟燭，在最偉大的光當中，無法看見自己，或經驗到自己真正是誰。於是，為了體驗身為光的感受與本質，唯一的方式就是：把自身與所有一切分開，將黑暗召來。當見識到非我的時候，真我便浮現了。所以要「做照亮黑暗的光，不要詛咒黑暗」。人生所要做的事，就是憶起（remember，重新成為一員），透過經驗展現已然知道的事，並且重新創造自己。

我想到在佛經裏有段對話有異曲同工之妙。《維摩詰經》中，舍利弗問維摩詰居士說：「你為什麼不在淨土修行，而要至污濁、痛苦的人間修行？」維摩詰反問：「當太陽升起時，黑暗在哪裡？」舍利弗答說：「當太陽升起時，黑暗就不見了！」維摩詰於是講了一句很偉大的話：「我從光明淨土投生至黑暗的娑婆世界，為的是來照亮這個世界的黑暗，並非來與這世界一同敗壞、一起黑暗的。」

說的多棒啊！**我們來到這堪忍的世界，不是要與原有的黑暗同流合污，而是要散發出溫**

01

暖的光明，照亮黑暗，要把光帶到這世上，就好像那個小靈魂的故事，在黑暗中它體驗了自己身為光亮的事實，同時，也將光帶給了周遭每個人。

當我們遇到苦難、病苦的時候，在身心遭遇極端試煉之時，不要忘記了，你不是那黑暗的一部分，要記得把自己抽離出來，這些苦痛只不過是一個因緣法變化的現象，是襯托光亮的一個背景。要減輕它所帶來的傷害，有個方法：改變看待它們的方式。當去掉批評與評斷的時候，痛苦的強度便削弱了。

聖嚴法師有句話講得很好：「看到就是看到，聽到就是聽到，不要起任何分別心，因為有了好惡，喜歡的便想佔有，討厭的就會排斥，患得患失，煩惱就來了。」這世上有一半的痛苦都是來自評論、批判。他人講的一句話，做的一個行為，如果少了內心裏那饒舌的不斷評價的聲音，就不會起那麼多煩惱的念頭。在生活當中，當看見令自己火冒三丈或忿忿不平的事情，當情緒要起來那一刻，就趕緊提醒自己：不要做judgement（評斷）！讓事件只是一個事件，不要起任何評論。如雁鳥飛過寒潭，只有影子映照在水面上，潭水不起波瀾，當鳥兒飛走後，影子也消失不見了。

尼爾的人生也遭遇過許多磨難，他提出如何在創造人生的過程中達到更愉悅、更快樂境界的步驟，包括：

- **你帶給別人什麼，你就帶給自己什麼**
- **看見當下的完美**

- 放下所有的期待
- 對自己慈悲
- 留意能量，感受氛圍
- 歡笑能改變振動頻率

關於最後一點「歡笑能改變振動頻率」其實已經獲得科學家的證實：我們的心念是不斷振動的能量，隨著精神狀況有強弱起伏。心理學家大衛・霍金斯（David Hawkins）經過二十多年的研究發現，**誠實、寬容、樂觀等正向的情緒會改變身體中粒子的振動頻率，改善身心健康；相反的，仇恨、冷漠、焦慮則會降低能量的振動頻率，使抵抗力降低**。據說，當德蕾莎修女出現時，在場所有人心中都盈滿了幸福、寧靜的感受，這就是心念力量的影響。

所以，**心念是一種能量，當你如何想的時候，等於也就是在向全世界召告你就是什麼，或是會召來什麼樣的事件**。「我思故我是！」（I am What I think!）不只是一句哲學家的話語，也真實的呈現了思想、信念、心力，會創造你的人生。不要小看了念力的作用，當心念強大的時候，散發出來的能量也跟著強壯起來，足以吸引振動頻率一樣強大的美好事物，帶來希望渴求的東西，這就是所謂「個人創造法」的概念。

請隨時注意並調整自己的起心動念，維持在正面能量的情緒上，可以轉化外在環境的影響。以積極樂觀的心態面對周遭一切，會發現心轉境界也就轉變了，當了解了這個心念作用與同質能量相吸的法則之後，世界會變得更美好，生活也會更自在和諧。

01

走出自己的路

當人生遇到挫折困境，要勇敢往前行，走出自己一片朗朗晴天。
只有放下了，心境轉換了，才能重見美好天日。

清晨如常起床準備早餐要送孩子上學，從窗戶望出去，遠方朝霞暈染一片血紅，佔據了大半天空，第一個閃過腦海的念頭：又發生山林大火了嗎？

洛杉磯每年這個時節因為聖塔安納焚風的影響加上氣候乾燥，在山區常常會因露營者或登山客不小心留下的火種引發熊熊大火。我看著遠方天空中彩霞、火光與朝陽共織成一幅暗藏危機的奇異美麗景象，心裡暗暗祈禱希望這場大火能早些撲滅，將傷害影響減至最低。

送了孩子上學後，按照平日行程出門散步慢跑。起火點在我們居住小城的東北方山區約二十英里左右，我朝著相反方向行走，一回頭，便可見著在我身後天空中濃煙與雲朵糾結不清的灰橘色彩，太陽染成了腥紅小球；往前方望去，則仍是一幅太平盛世的藍天白雲景色。於是，一片天空劃分為二，有了兩種截然不同的風光：一邊是天清氣朗風和日麗的歲月靜好；一邊是風起雲湧灰飛煙滅的大破壞。我不斷往前快步疾走，一邊回頭張望，心裏頭忽然感悟：人生不就是如此？在前方等待著我們的是一片光明燦爛，但我們總是放錯焦距，對著過去已經發生的困境留連徘徊，無法放下。在那個早晨，我加快足下步履投入眼前湛藍晴空的懷抱，將灰雲密佈潛藏凶險的半邊天拋諸身後漸行漸遠。心裡越走越光明，越走越踏實。

每個人一生中肯定會有些起伏、一些挑戰、一些困難的處境，就如同那半邊灰黑陰霾天空，可是，我們能夠選擇行走的方向及目光對準的焦點：放下所有已經發生的、義無反顧果斷往前行？還是躊躇猶疑一步三回頭，總是望著苦難自憐自艾？

01

轉個彎、換個角度，景色風光大不同，存乎你做什麼樣的選擇。當無常現前，當人生遇到挫折困境，要學習聖嚴法師所說：「面對它、接受它、處理它、放下它」，不要回頭張望，不要流連忘返，陷入艱難的沼澤無法自拔；要壯士斷腕勇敢往前行，走出自己一片朗朗晴天。或許，日後回頭想想，這些當初讓你痛苦萬分的處境只不過是激勵你往前走的一股動力，沒有淬鍊，哪裡有脫胎換骨的奇蹟？這世界上有許多人他們前半生的天空都是靄靄烏雲無邊黑暗，像澳洲「沒有四肢的生命」（Life Without Limbs）組織創辦人尼克・胡哲（Nick Vujicic），生下來便身體殘缺，他比任何人都有資格自怨自憐，然而他做出了不平凡的選擇：跳出困境、勇敢迎向未來，將原本是一場悲劇的人生，活出令人讚嘆的精彩向度。

他的選擇、他的態度決定了要繼續活在那悲慘無光的半邊天，還是跨步往前走向另一半的亮麗藍天。**許多人活在煩惱中，放不下，不是因為那個煩惱有多麼深重，而是不肯向前走，或是轉身離開。**他們抓住那個苦痛的感覺與身邊的人一同活在陰鬱無光的半片天空中，不知道，就在幾步路之遙的不遠處，有片朗朗乾坤等待著。

一位苦者對和尚說：「我放不下一些事，放不下一些人。」

和尚說：「沒有什麼東西是放不下的。」

苦者說：「可我就偏偏放不下。」

和尚讓他拿著一個茶杯，然後往裡面倒熱水，一直到水滿出來，苦者被燙到馬上鬆開手。和尚說：「這個世界上沒有什麼是放不下的，痛了你自然就會放下。」

可是，要多痛，你才會放下？還是要別人也跟你一樣痛，你才甘心放下、甘願離開？是要兩敗俱傷、一起淹沒在熾烈火光中，一同沉淪？還是跨出步伐，給自己也給對方一條康莊大道、一段截然不同的人生風光？

在這趟清晨行走中，我領略到了視野及態度的重要性。我們是有選擇的，**如果前路不通，危機重重，何不轉頭往另一個方向「背道而馳」。路，會越走越寬廣；心，會越走越平和；頭上的天，會越走越雲淡風輕。離開那個煩惱，離開那個因果陷阱。放下了，心境轉換了，才能重見美好天日。**

《菜根譚》的一句話：「山河大地已屬微塵，何況塵中之塵。血肉身軀且歸泡影，何況影外之影。非上上智，無了了心。」偉碩如山河大地也不過是亙古虛空的一小粒微塵，凡夫的血肉身軀也都只是夢幻泡影，何況是微塵與泡影之外的那些世間無明煩惱，如果明瞭宇宙萬事萬物的無常變化真理，便不會產生執著。

沒有了執著，境就隨心轉。展開雙腳大步向前走，不回頭，走出屬於自己的另一片美麗雲天。

01

快樂知足的做著每件事

懂得生命自在圓滿本質的人，不是每天做著讓自己開心的事情，而是能夠快樂知足的做著每一樣事。

一位朋友M在好萊塢製片公司擔任執行製作主管，平日開著敞篷跑車在大街小巷穿梭，日子過得雖然忙碌卻十分帶勁兒，因為所做的工作內容都是他的興趣所在，既具備挑戰性也充滿了無窮樂趣。

有次他的一句話讓我思索良久，他說：「我們工作團隊裡表現出色的，都是些當年在學校中成績普通的學生，當時不愛唸書，鋒頭總是被校園裡那些用功讀書品學兼優的的亞裔學生佔盡；但是啊，現今在我手底下做事的卻都是當年那些straight A（全A）學生哩。」

M的這番話不無些許得意之色，但他也語出中肯的認為，出社會多年，學生時代的成績早就只是一紙過眼雲煙，真正影響職場表現的，是工作態度、人際應對關係、對資源的尋求與應用，及面臨困難與挑戰時的危機處理能力及自身的抗壓性。那些當年的乖乖牌學生，因為自幼學業表現出眾，背負了所有師長的期許，全心全意追求分數的極致，反而拘限了他們的創造力與活潑思考的想像力，同時因為從小平步青雲，從未吃過苦、受過任何挫折，一旦遇上難關，很容易便被擊倒。「如果他們是溫室裡的花朵，我們就是陽光下的小草，雖然生長的過程平凡無奇，從不被注意，卻是生命力旺盛，越挫越勇呢！」

每個父母總是希望孩子出類拔萃，為人之龍鳳，頂尖的學生進入名校畢業後事業有成者，當然也為數不少，但是，如果單一以成績來論斷孩子，盲目的以進入名校窄門做為唯一目標，而忽略孩子的興趣、資質、天分與才能，難免失於偏頗且扼殺了他們潛能發揮的無窮可能。

回頭看看過去的高中、大學同學，如今在社會上真正有成者，都不是當年名列前茅的資優生，反倒是成績不怎麼起眼的中段班學生；何況，**所謂「成功」也只是世俗功名的外在光環，真正重要的是內心的自在平靜與歡喜。這世界上有太多頂著成功耀眼冠冕的人，卻過著不快樂的人生。**《時代雜誌》曾經做過一篇專題報導，探討哪裡是這世界上最快樂的國度，結果答案是喜馬拉雅山麓上一個不起眼的小國——不丹。這個香格里拉的世外桃源土地不比台灣大多少，人口卻只有七十萬，人民對於生活的幸福滿意度高達九七％。他們不以各種經濟數據做為衡量國家進步的指標，而是以人民的快樂程度為政府施政是否成功的依據，因此造就了一塊全球幸福指數最高的人間淨土。

記得讀過一篇故事，一位成功的商人到南太平洋島嶼度假，坐在船上欣賞藍天碧海美景，他對著搖槳的船夫說：「你看看你能掙多少錢，要像我這樣努力工作事業有成，才能賺很多錢啊！」船伕聽了問他：「那你賺了很多錢以後要幹嘛？」大老板似乎覺得船夫不點不亮，洋洋得意得說：「賺了白花花的鈔票，我就能自由自在飛到美麗的海島享受悠閒快樂的時光啊！」船伕摸摸腦袋納悶不解：「我現在不就在過這樣的日子嗎？」

一個真正懂得生命自在圓滿本質的人，不是每天做著讓自己開心的事情，而是能夠快樂知足的做著每一樣事。所謂幸福的人生，應該便是如此一點一滴累積起來的吧！

01

撕掉好壞標籤

世間沒有百分之百的美好，也沒有百分之百的醜惡。
容許自己與別人出錯的空間，接受世界不那麼完美。

小時候和媽媽一起看電視劇，最喜歡問的問題是：「他是好人？還是壞人？」

小小腦袋瓜裏覺得這世界上不是好人，便是壞人，沒有什麼中間灰色地帶，非得抓著媽媽問個水落石出。有時候媽媽被我問得煩了，隨便搪塞一句：「他不是好人也不是壞人啦！」我心裡充滿疑惑，怎麼可能不是好人也不是壞人，覺得她一定是在敷衍我，繼續坐在電視機前糾纏著：「那這個人又是好人還是壞人呀？」現在想想當時媽媽一定恨不得打我屁股，讓我閉嘴。好不容易得空看個電視，一個小人在旁邊搗亂，從頭到尾只關心劇中人物是好人還是壞人，每個角色出場如上的對話便要重複一次，確實是很煩呢！

成長過程中，這個「好人／壞人」情結持續著，大凡不符合「好人」資格條件者都被打入冷宮，列為拒絕往來戶，頗有古人「道不同不相為謀」的氣概。但逐漸的，隨著閱歷的增長、接觸的人事越繁複，好人與壞人的界線越來越模糊，為人貼標籤判定非我族類的理直氣壯也漸漸薄弱。原本認定的「好人」也有露出「真面目」時，也有自私貪婪的人性，也會讓人傷心、厭煩、難過；而所謂的「壞人」，也有真心善良、脆弱掙扎的一面，及為朋友家人勇敢付出的可愛真誠，他們為生活各式各樣情節所試練的無奈或許我們從未曾理解。

人性是複雜多變的，很難以一個簡單的定義篩選好人還是壞人，大部分人都是在這兩極間擺盪遊走。

佛在《楞嚴經》上說：「情想均等，不飛不墜，生於人間，想明斯聰，情幽斯鈍。」我們之所以降生為人，就是因為具備五分思想、五分情欲，思想清明與否決定資質的聰明或魯鈍。所以人其實並不怎麼高明，情欲與思想等量齊觀，終其一生都受著情感、情緒、欲望的影響，人性的複雜陰暗面就在情欲的操縱下顯現出它的難以捉摸預測。我們在某個時刻都曾經是別人眼中不那麼良善的人，也會在與他人利益衝突的關卡上有過掙扎，或是於一段情感關係中不小心傷害了另一半。學佛之後，理解了人的脆弱，感同身受他人的痛苦，不再以嚴格的標準看待眾生。沒有人是百分之百的好人，也沒有人是百分之百的壞人，在這個堪忍的娑婆世界，除了那些作奸犯科者，我們其實很難為人貼上好壞標籤，只會憐憫眾生愚痴，受著無明宰制，在苦海中載浮載沉，身不由己造業受報。

以前執拗於事情表面的是非對錯，畫下一條楚河漢界區分敵我，嚴格要求自我，也對他人設下超高標準，搞得自己不開心，別人也不好過。現在，你可以說是世故，也可以說是成熟的體悟，對於人與事不再要求完美，有一些瑕疵，一點錯誤，出點狀況又怎樣？凡事take it easy（放輕鬆），**容許自己與別人出錯的空間，接受世界不那麼完美，「好人」有時也會受誘惑，「壞人」也有真性情，凡夫俗子與聖人的境界畢竟存在差異。標準放鬆了，心境與眼界也放寬，不再執著「好壞、對錯、非黑即白」諸如此類問題。**

小兒子數年前也曾承襲乃母之風，對著電視機裡的人物丟出問題"Is he a good guy? or a bad guy?"（他是好人？還是壞人？）我聽了不禁莞爾一笑，彷彿又回到童年，只是這次角色對調，輪到我傷腦筋該如何回答這個大哉問。記得當時很認真思索了一下，然後盡量用最簡單的語言對著眼前的小人說：「這個問題很複雜，要看你是站在什麼角度、位置，有時候，對你來說是好人，對別人來說可能是壞人；好人也會讓人家傷心，壞人也可能做出好事……」小男孩大概聽得一頭霧水，但他沒像老媽當年鍥而不捨繼續糾纏，只是露出茫然眼神，好像我說的是天書，"What are you talking about?"（你在說什麼呀？）於是我搬出對付小孩無解問題最好的答案：「唉呀，你長大以後就會明白啦！」

長大後的確明白了許多事，不再強求，學會接受，隨順因緣。**世間沒有百分之百的美好、也沒有百分之百的醜惡，存在兩極中間的，便是生活，單單純純的生活**，在呼吸之間，這就是全部。

01

無所不在的幸福

保持正念才能擺脫過去的煩惱及未來的憂慮。
回歸自我，保持正念，幸福無所不在。

在我們的認知中，幸福是需要向外尋求的：工作升遷，美好歸宿，子女聰明乖巧，財務狀況無虞，生活順遂沒有煩惱⋯⋯，我們總要做很多努力、打拚，改變自己或改變他人，才能朝所謂的幸福人生邁向一小步。可是，生活當中，總有許多小狀況阻礙我們朝幸福人生之路邁進。

時常有個小聲音在心中響起：如果再如何如何，我便會感覺幸福。但這個「如何如何」卻從未發生，或是發生之後，所帶來的快樂在短暫時間內便迅速消失，或是被另一個更遠大的目標所取代。**在不停追逐幸福快樂中，我們忘記了如何真真實實過日子，如何真正的活在當下。**

幸福不在於所擁有東西多寡，而是取決於享受當下活動的能力！**如果我們現在不快樂，未來肯定也不會快樂，因為每個當下組合起來便是人生的全部。**唯有敞開心胸，全然接納萬事萬物，才得以感受鳥兒歌唱的清新悅耳，花朵綻放的美麗動人及當下所有美好的一切。

《佛陀的幸福課》作者同時也是美國著名心理學家湯瑪士・培恩博士（Thomas Bien）認為：「感受幸福與感知當下的修鍊就是佛陀所說的正念。」它是一種穩定的幸福感，一種可以仰賴的感受，因為它包含了平靜與知足。正念指的是生命當下的覺知，當我們能時刻活在當下，才不會在生命盡頭時發現自己尋尋覓覓、心有旁騖而錯過了珍貴的整段人生。

我們完全可以透過修行讓自己更快樂，但是一定要透過有智慧的方法修行。培恩在書中有很棒的建議，例如在每天早晨，一睜開眼便用培養正念做為開啟一天的序幕。心裏默念偈

01

言：「這是新的一天。讓我用正念深刻地度過這天。讓我放慢腳步，不要著急。讓我用慈悲對待萬事萬物。」**用開放的心念去感受當下存在的幸福感，學習以享樂的眼光去看待當下每一個活動**，像是：「現在來享受一下洗衣服的時光」，而不是「我得把衣服洗好了才能看電視。」或是「現在來享受一下讀電子郵件的時光」「享受煮飯的時光」「享受開車上班的時光」等，**別用一些負面字眼否定當下的活動，以全然開放心態去體驗感知當下存在的幸福。**

用這個角度來看，幸福無所不在。只要我們能用心感受，記得開放，記得享受當下，所做的每件事情都能滋養我們。禪宗的「吃飯」「喝茶」便是最淋漓盡致的展現，吃飯的時候專心吃飯，喝茶的時候一心一意品嚐茶的滋味，睡覺的時候安心睡覺，**做每件事情時都以百分之百的心思聚焦於當下，唯有保持正念（mindfulness）才能擺脫過去的煩惱及未來的憂慮，以一顆澄澈明朗的心過日子。**

所有的語言、文字都只是一個概念與符號，並不代表任何實相，但往往我們的情緒被外在的一句話語、一個動作所牽引著，而衍生出悲傷、憤怒、沮喪等種種痛苦的感受。唯有放棄扭曲的概念或表相化的東西，才得以看清事情的真實本質。很多的煩惱皆來自於我執，當「我」消失了，附著於上的種種無明痛苦也就煙消雲散。

每個人都有習氣，這來自於個性、成長環境、所受的教育，它影響著我們對於事物反應的模式，有時候我們想跳脫出來擺脫習氣的慣性制約，但是往往成功的時候少，失敗的時候多，這種無法控制自己的挫敗感讓我們活得更加不痛快。

有時候習氣來自於因果業力，需要以修行來轉化。書中也提到了六度波羅蜜的修行，包含布施、持戒、忍辱、精進、禪定及智慧，透過修行，讓我們能夠增進智慧，去除無明，不再任由習性擺佈，取回人生的主動操控權。我們常常看到芸芸眾生因為缺乏智慧，做出或說出傷人傷己的事情與話語，在習性的業流裏載浮載沉，完全無法為自己的生命做主，實在是既可憐又可悲。當我們腦袋清明的時候，便能分辨什麼是對與錯，什麼是真實與幻相，什麼是欲念的快感與真正寧靜的幸福。

羅馬哲學家愛比泰德斯（Epictetus）說：「困擾我們的不是那些事情，而是我們對那些事情的想法。」世界所呈現的樣子其實是我們的想法意念所投射出來的，所以，**快樂的人永遠有好事發生，悲傷的人總有衰運上門，充滿愛心的人看見人們的良善，憤世嫉俗的人卻總是遇見不公的事情**。我們可以說："The world is what we think." 當你認為世界是什麼樣貌時，九〇%的機會它會按照你心中藍圖建構呈現，這不只是因為解讀偏頗所導致，同時也與吸引力法則相關。正面能量會吸引同樣震動頻率的事物聚集，所以當開心的時候，好運會源源不絕湧來，倒楣的時候卻衰事連連。

你所體驗的世界不僅來自於知覺，也來自於態度、信念與期待，你所看見的世界其實就是自己想法的產物。例如當心情愉悅時，天空落下的雨是輕柔滋潤的細雨；悲傷時，晦暗的天空卻更增添了幾分消沉與落寞，讓人心情更低落。

無常與無我是佛陀在兩千多年前覺知的一種超越概念的深刻洞察，也是幸福人生所需配備的中心思想。有些人認為無常的觀念是消極、退縮、負面的，其實，因為無常，世間才得以有活力的變化、成長。帶給我們快樂的事物總有離去消失的時候，這教導了我們不要執著，執念是所有痛苦的來源，我們有多少執著便有多少痛苦。宗薩欽哲仁波切說：「當你不再執著一件事物或一種習慣，它便失去了擺佈你的力量，你也就獲得了自由。」因為無常，在面臨人生困境的時刻，我們才能夠有期盼、有信心繼續走下去，苦難的時光總會過去。沒有了無常，正者恆正，負者恆負，光明的永遠光亮，黑暗永遠沒有天日，痛苦的人便無法從悲痛中解脫。

想要感受幸福，就必須停止抗拒無常的本質，生命因為無常而有無限可能，如果我們是永恆的，「冬天的樹木不會再長出綠葉，太陽的光線也不再灑落地面，萬物將會是靜止與死寂的。」

用開放與平靜的心接受萬物無常的本質，每一刻都有生起、幻滅，不生不滅，不增不減，遠離顛倒夢想。

法國哲學家笛卡兒的名言：「我思，故我在。」"I think, therefore I am."事實上，以佛學的觀點，卻正好相反：「我思，故我什麼都不是！」根本沒有一個叫「我」的東西存在，人類因為有思想，「我認為」「我感覺」「我需要」……，對於自我的種種依戀、執著，產生了形形色色煩惱，思考越多的人，煩惱越熾旺，心理學家稱呼這群人為「善於煩惱的人」，如果不能體悟「無我」的本質，煩惱便不會有止息的一日。

感受幸福便得放棄「做自己」的意念，當你真的可以放下做自己時，那才會是最真實的你。因為說到底你所以為的「自己」無非只是那些制約你的想法，**放下你認為該保持某種樣子、過某種生活的執著，才能真正獲得自由**，以佛學的辭彙來說，便是「出離」了。出離、放下種種制約、執著、虛幻的念頭，你，才會是真正的你。

正念是一心專用的生活，以開放的態度面對當下一切，不懊悔過去的錯誤，也不擔憂未來的難題，全副心思集中在當下那一刻。走路的時候專心走路，做菜的時候專心烹調，掃地的時候一心一意打掃，用心感受每分每秒。如果我們能享受當下一刻，便能享受任何一刻。

記得有次開車在一條每天必經之路上，發現路邊怎麼多了一棟新屋子插牌等待出售，我問後座的小男孩：「你知道這裏有一棟剛蓋好的房子嗎？」「有啊，它一直在這裏啊！」「那為什麼我沒發現呢？」我覺得很納悶，「因為它以前有綠色的籬笆圍起來嘛！」小男孩說。我想起來了，的確有那麼一排綠色籬笆的印象，但是從來沒去注意它，沒想到這塊空地已經從空曠荒蕪然後一磚一瓦的建蓋落成，我卻完全錯過它小樓平地起的所有過程，這證明了每次開車經過這條路時，我總是處於un-mindfulness（非正念，即心不在焉）的狀況，沉浸在自己內心裏的對話與思索，錯過的豈僅是那棟小樓，還有路邊的風景，街旁的小花，商店的招牌，櫥窗裏的風光，來往走動的人群，及一切一切在我周遭忽閃而過的事物。

01

小孩總是比我們能活在當下，一次益智節目的題目：微軟招牌的四種顏色，當我還在努力調閱腦中關於電腦螢幕上那個小Logo圖像時，兩個小男生已經脫口喊出：「blue, green, yellow and red!」問他們怎麼那麼快便答出，「每天打開電腦都會看到啊！」他們似乎覺得這個問題太蠢了。好吧，其實蠢的是他們的母親，因為沒有用正念在過日子。

一行禪師說：「別再苦苦追求一顆原本就在你口袋裏的寶石，回歸自己，並接受存在內心裏真實的寶藏，別從自身以外尋求幸福，因為它早已存在你裏面。」

回歸自我，保持正念，幸福無所不在。

01

起心動念都是正能量

意念的力量無所不在，起心動念之間，都在散發一種能量。
時刻提醒自己保持正向愉悅的心，正面解讀眼前的一切問題。

前一陣子因為壓力關係，經歷了情緒上的一些起伏，也不過短短一個星期，便碰上了好幾件衰事。首先，收到了一封洛杉磯高等法院寄來的陪審員徵召通知，通常兩、三年才會收到一次，距離上次徵召還不到一年，這種機會微乎其微；再來，已經好多年未曾感冒卻突然患了流行性重感冒，全身痠痛，昏沉疲累，躺在床上好幾天無法動彈，還有其他諸多繁瑣的事情也一併來湊熱鬧。事後回想，覺得自己應該及早調適心念，不該耽溺於負面思緒中過久，因為我們所有的意念、感受、言語、行為，都會散發一種能量，從而影響身體的磁場，如果長時間處於低能量磁場中自然會吸引相同負面的事物。

我們都有過這種經驗，當心情愉悅、活力充沛時，感覺做每一件事情都得心應手，心想事成，似乎被幸運之神眷顧無往不利。有一次心裡想著要去買一個盆栽擺在廚房窗台上，還沒付諸行動，過兩天參加小孩學校一個頒獎餐會，結束後正要步出會場時，工作人員拿著桌上擺放的一盆可愛的小植物，詢問我要不要把它帶回家，讓我喜出望外，好像對方能讀懂我的心思，接收了我想要一個盆栽的訊息。還有一次接近年底，心裡想著該去買下一年度的行事曆記事本，過幾天郵箱便躺著一本由一家慈善機構寄來，做為感謝禮物的小行事曆，格式、尺寸正好與我所想不謀而合。

意念的力量無所不在，起心動念之間，都在散發一種能量，正面的、負面的、開心的、不安的……，每一種情緒的震動頻率不同，從而左右你的身心與周圍環境的磁場。美國著名精神科醫師大衛・霍金斯博士（David R. Hawkins）經過長達二十多年科學研究發現，意念的影響力無遠弗屆，當人們處於寧靜、安詳、喜悅、樂觀、寬容等正向心念時，身體能量指數會升高；反之，如果是恐懼、焦慮、怨恨、懊悔、憂傷時，震動頻率將會急速下降。霍金斯針對數千名受測者累積了幾百萬筆數據資料，全球調查過不同的人種，都得到相同的結論。當你付出關懷、善意的正向意念，身體會更健康，內心會更快樂，產生一種善的循環。如果一天到晚抱怨、計較、起嗔念，會消耗許多能量，導致振動頻率低落，疾病、負面的事物便會尾隨而至。

我在那個星期倒楣的事接二連三發生，諸事不順，彷彿烏雲罩頂，就是身心處於能量低潮中，牽引了其他處於相同頻率的事件。宇宙萬事萬物都是能量體的存在，只是因震動頻率相異顯現出各種不同的形態、樣貌。一個心念力量超強的人可以改變、左右周遭其它人、事、物的能量，從而影響他們的想法與念頭。許多領導者、宗教大師都具備這樣的能力，當我第一次見到聖嚴法師時，是在一個有一千六百多人參與的皈依典禮，當他老人家一走進會場，全場鴉雀無聲，我能夠深刻感受到從他身上散發出來源源不絕的慈悲能量，讓在場每一個人心念頓時起了轉化。

不讓自己陷於負面思惟，盡量與開朗樂觀的人為伍，時刻力行感恩。**對每個我們所擁有的東西、所遇見的人、所經歷的每件事心存感恩之情，當我們學會對最微不足道、視為理所當然的事物感恩，內心裡不會再有任何不足甚至抱怨、遺憾等負面念頭。**

習慣挑剔的人總是看見不順心的人與事，即使美好的東西出現在面前，習於負面看待世界的眼光也會聚焦於其中的缺憾。這些種種感覺、思緒、意念、言語……都在宣示著你是怎樣一個人、將會創造出什麼樣的人生。**學習以積極正面的心態生活，不過度擔憂，許多煩惱來自於不切實際的想像。**電影《地球過後》（After Earth）雖然劇情鋪陳不是很完美，然劇中父親對兒子所說關於「恐懼」的幾句話語卻相當具啟發性，他說：**「恐懼並非真實，而是一種想像力的產品。危險是千真萬確存在，但害怕卻是一種選擇。」**（Fear is not real. It is a product of thoughts you create. Danger is very real. But fear is a choice.）

的確，大部分時候我們是有所選擇的，你可以選擇讓擔憂、害怕、沮喪、憤怒、悲傷等種種負面心念佔據心頭，也可以選擇拋開它們，讓事物如實呈現原本樣貌，不無謂懊悔煩惱過去、揣想擔憂未來，真真實實活在當下的情境，而不被心智所創造出來的情緒產品所影響控制。時刻提醒自己保持正向愉悅的心，正面解讀眼前的一切問題。有句話說：**一個心態樂觀的人，會在災難中看到希望，而一個心態悲觀的人，會在希望中看見災難。**

意念決定你的想法，想法左右言語、行為，行為建構了生活，從而形塑你的人生。細微的起心動念具有推波助瀾的巨大力量，縱使挑戰、難關現前，許多事不盡如人意，但千萬不要沉溺於負面思緒中過久，試著以正面、光明的事物轉化心念，可能是一場好朋友的聚會、一部無厘頭的喜劇電影、一餐美食、一趟旅行、一份能讓你全心投入的興趣、嗜好，或是一段美好的回憶……

01

意念的力量無所不在，它的威力遠超乎想像。觀察腦袋瓜裡來來去去的念頭，去蕪存菁，有意識的做選擇，時日久了，自然能體會出生活中細微處的變化了。

01

更新人腦作業系統

我們沒辦法如同電腦在幾秒鐘之內更新，客製化一個完美運作的腦袋，只能藉由不斷的修行，以佛法的智慧慢慢薰習，一點一滴內化轉變。

有一次電腦故障送修，老闆說硬碟已經毀損，必須重新安裝新的作業軟體。他幫我把所有儲存資料拷貝出來後，換裝一個容量更大的硬碟及作業系統，加上其他林林總總程式、軟件、防毒軟體等。維修好之後，我的電腦彷彿經過加持般改頭換面，不僅速度加快，功能也比從前更多、更廣，使用起來更方便。

現代科技真是進步，擁有一台小小電腦，好似具備了神奇特異功能，能夠處理許多複雜繁瑣的事情。連接上無遠弗屆網路，更能隨時隨地上網查詢資料，與遠方親友聯繫，世界存在於彈指之間，而且內容瞬間之內更新，想要添增任何分析處理功能很容易便能辦到。

電腦作業系統老舊、不敷使用或是壞掉了，隨時都能根據需求換裝一套更新、更先進的軟體，如果我們的腦袋作業系統也能如此這般隨時更新，把不適用、根深柢固的習性、缺點一併delete（刪除），安裝諸如智慧1.0或是禪修2.0、慈悲3.0版本軟件，是不是就能脫胎換骨，以嶄新面目重新開始，不用與應該早被淘汰的舊思維、種種揮之不去的煩惱苦苦糾纏？

不過，令人洩氣的是電腦更新容易，人腦想要在幾分鐘之內脫胎換骨，除非是如禪宗六祖惠能般的智慧根性聽聞了一句「應無所住，而生其心」便豁然開悟，大部分人終其一生都與自己的習性、脾氣糾纏不清，在六根與六塵交互作用影響下身不由己、隨波逐流。

每當一些不怎麼愉悅的往事浮上心頭時，都會恨不得將頂上這顆腦袋連接上電腦，用「delete」鍵把所有負面的記憶清除掉，只留下美好的回憶。然後，最好是把缺乏耐性、追求完美、過多執著等不好的個性一併刪除，重新輸入智慧過人、包容樂觀、隨心自在等特性，然後還能根據外在環境做出適合的應變與調整，隨時隨地連線更新，將壞的變成好的，正面取代負面，智慧替代無明，慈悲對治嗔心，去蕪存菁，任何時刻都能重新啟動人生美善方程式，那該有多美好啊！

可惜，這只是異想天開，而且觀念、習慣、思維模式一旦養成，便固執地盤據在大腦中很難根除，不斷重複明知有負面後果的言語行為。每個人因為業力果報關係都有與生俱來的習氣，還有後天家庭、教育、成長環境不同形成的脾性習慣、做人處世的方法態度，隨著年歲日增，這些特質越難改變。比如同樣一件事情，也許有一百種解讀及行動的方式，我們卻總是用那一百零一種方法去應對，大腦神經網絡依循過往習慣採用的路徑在一瞬間做出了分析、模擬與反射動作，這樣的反應模式儲存在腦海裡數十年不變，缺乏理性智慧的判斷。

我們沒辦法如同電腦在幾秒鐘之內煥然一新，客製化一個完美運作的腦袋，只能藉由不斷的修行，以佛法的智慧慢慢薰習，一點一滴內化轉變。《禪與腦》的作者詹姆士・奧斯丁博士（James Austin）是一位神經醫學專家，同時也是一位禪修者，他的研究顯示，禪坐的確會改變大腦神經迴路，讓它能更有效處理進入感官的資料。當意識轉化為般若智慧時，老舊的語言連結將會被繞道或刪除，產生覺醒和明心見性的體悟。這說明了，大腦運作方式是有改變的可能，只是不像網路連線能在很短的時間之內進行大改造，而是透過長期的修行和有意識的覺知，把原有自我中心觀點和執著心慢慢消除、減輕，取代以全知的覺醒。

當我們能成功進階為智慧腦與慈悲腦版本，僵化的標籤符號意識、邏輯思維和認知執念便會開始慢慢剝落進行轉換，執著與無明所帶來的偏差判斷與煩惱能夠逐漸淡化。這種轉化的過程非一蹴可幾，大部分人習氣深重，可能禪修或讀誦經典、聆聽開示的時候，都深有領悟體會，然而一回歸到日常生活當中，卻又免不了受到平日習慣、與生俱來的習性所牽絆，不由自主做出讓自己與周遭人衍生煩惱心的行為與話語。

依據佛典記載，即便如舍利弗及摩訶迦葉等聖人依舊有瞋念之習，何況凡夫俗子，往往隨習、隨業流轉。習性越深者，無明煩惱越多，不僅自己過得不快樂，也讓親近的人產生無奈、痛苦。有些人有吝慳的習氣，或是忌妒的習氣、瞋怒的習氣、貪婪的習氣、愚痴的習氣，這些難纏的習性或深或淺在生活當中展現它的影響力。我自己有時也會在不知不覺間被習性牽著走，話說出了口、做下不明智判斷，才開始懊悔，覺得下次遇到類似情形一定不犯相同的錯誤，但是往往依舊重蹈覆轍，每當這個時候，把腦袋作業系統換掉的天馬行空想法便會出現，只有不斷懺悔，希望自己能夠更有智慧處理問題，以慈悲心、耐心與更大的包容心對待他人。

前幾日在TED（Technology, Entertainment, Design，科技、娛樂、設計）論壇上看了一場演說，主講人是研究「大腦神經可塑性」（neuroplasticity）領域極為有成的哈佛大學心理學教授莎拉・雷哲（Sara Lazar），她從一九九四年開始學習瑜伽及靜坐冥想，會中她介紹了曾經做過的實驗，找了一組人進行為期八週的靜坐減壓課程，要求測試者上課後回到家中每天靜坐三十至四十分鐘，結果顯示，這些人大腦中許多區域的灰質（gray matter）數量明顯增加，包括掌管學習、記憶及情緒調節的海馬迴（Hippocampus），同理心與慈悲心的聶頂葉連接處及處理壓力相關反應的杏仁核區域，與實驗之前相比有顯著的不同，這代表了透過禪坐修行真的能夠影響大腦功能的重塑及神經迴路的活化重整。從這個實驗結果來看，**修行可以說是讓大腦晉級的重要工具，連上修行這條線路，便能開始進階調整步驟**，和電腦連線更新作業軟體其實有異曲同工之處，只是下載速度不同罷了。

修行之路漫漫，許多時候迂迴進退，不免讓人沮喪，或打起退堂鼓，但是想想人身難得，佛經所言其機率有如「須彌穿針」、「盲龜浮木」，唯有人類才有機會聽聞、薰習佛法，利用色身行菩薩道，自利利他，消融自我。透過修行轉識成智，轉煩惱為菩提。雖然我們身上的這顆腦袋或許先天配備不良，但是絕對有很大的可塑性，如同莎拉‧雷哲的研究所證明的**經過後天的努力修習，如同滴水穿石讓神經迴路繞道而行，改變大腦運作功能與方式，反映於日常生活行住坐臥中，覺醒與開悟並非遙不可及**。

世間種種煩惱、難以擺脫的習性及不想保存的記憶無法用橡皮擦一擦便能一筆勾銷，或是如同那台壞掉的電腦在工程師巧手之下短時間內煥然一新，由老骨董化身為旋風筆電，然而這就是我們生生世世的功課吧，況且以佛經動不動便是數劫的時間單位，人的一生、幾輩子只是一眨眼的剎那，以這樣的角度來想，彷彿地老天荒永遠也更新不完的改造下載速度也不能算是太慢了啊，只要我們耐心踏實在這條修行路上堅持努力一路行去，總有百分之百更新完畢的一日。

Chapter 1

從心開始

01

轉個念，世界大不同

外在環境很難以一己之力改變，但是心境卻可以調整變化。
心念一轉，思維、感受、景況就不同了。

曾經看過一個短片，片中一位盲人坐在街頭行乞，面前的紙板上寫著：「我看不見，請施捨！」忙碌的人們匆忙急促地走過他身旁，很少人真的停下腳步往盤子裡丟錢，直到一位女士出現，在紙板上寫下幾個字。從那之後，盲人只聽見鏗鏗鏘鏘大珠小珠落玉盤的聲響，每個經過的路人慷慨解囊，盤子裡的錢很快便滿溢出來。究竟那位女士寫了些什麼字，為什麼會有這麼大魔力，在短短幾分鐘時間改變了人們的思惟與行乞盲人的命運？

原來取代「我看不見，請施捨」幾個字，女士寫下：「這是美好的一天，而我無法看見！」這句話觸動了人們的同理心與憐憫之情，大家心想：「好可憐啊，這麼美麗的風光，他卻無緣看見，與他想比，我是何等幸運。」於是紛紛從口袋裡掏出銅板幫助這位餐風露宿的盲者。

如果簡簡單單一句話，便能扭轉乾坤，化腐朽為神奇，將原本無人理睬的行乞行為轉變為博得每個人大方施捨的局面，印證了文字對心念的影響，以及心念是如何操縱我們的思想及行為，從而改變了外在世界。

「心念」，從字面上解釋，是心裏的意念，包含了好的、不好的、正面的、負面的種種想法、起心動念，這個念頭會左右對外界事件的解讀，及後續相對應採取的行為。就像前面盲人行乞的故事，一句話決定了路人要不要停下匆忙腳步慨然相助的動作。電光石火的一念之間，我們所創造出的實相很可能天差地別。

當充滿正面心念時，所看到的世界都是美好的，「心生則種種法生」，外境的顯現只不過反映了心內千絲萬縷的意念。一位積極樂觀的人會在逆境中看見希望，相反的，心態悲觀的人會在希望中看見災難。

有「法國蜘蛛人」美譽的亞倫・羅伯特（Alain Robert）從小是一個懼高症患者，十一歲那年因為忘記帶鑰匙，被迫攀爬七層樓高公寓，從那之後，他決定要採取行動勇敢面對自己的恐懼。至目前為止，他已經徒手攀登包括紐約帝國大廈、巴黎艾菲爾鐵塔、台北一〇一大樓、雪梨歌劇院等超過七十多座摩天高樓，並且經常至各地旅行做勵志演講。對他來說，每攀登一步，便往成功更邁近一步，無論多艱難的高度，對他來講都只是無數的一小步。

這位現實生活中的「蜘蛛人」因為心念與態度的轉變，勇於挑戰自我極限，為人生帶來了迥然不同的風光！

多年前，因為家庭因素搬遷到中部愛荷華小鎮居住了一段時間，那是個非常寧靜的小鄉村，居民有八〇％都是大學城的學生及教職員。離開了令人思念的加州陽光與好友，窩居在地下樓層窄小空間，整天面對灰霾陰暗的天空與街景，度過一陣小低潮。那時候的我就像「誰搬走了我的乳酪？」一書中的小人Hem，不願意面對現實，抗拒所有改變。後來，慢慢調整心態，不再鑽牛角尖苦思：「為什麼乳酪不見了？」而是「跟隨乳酪一起變動」，在這人生當中難得的空檔投入大量閱讀與寫作，那一年完成了八萬字的散文及十萬字的小說作品，從此展開漫漫的文學創作之路。

當念頭轉變，眼所見的外在也會跟著改變，《華嚴經》：「唯心所現，唯識所變。」心識扮演了很重要的角色，心念一轉，思維、感受、景況就不同了。

外在的環境很難以一己之力改變，但是心境卻可以調整變化。當你接受了，轉化自己，縱使處境艱難，依然能夠開展出一番嶄新的局面。山不轉，路轉；路不轉，人轉；人不轉，心轉。意念觀點的包容性與可塑性之大往往出乎你所能想像，沒有過不去的難關，只有放不下的執念。有一次在把玩一個先生購買的研究玉器的放大鏡，上頭有個小小的燈泡，可是怎麼弄都沒辦法看得清楚，他在旁邊瞧見了搖搖頭，過來把放大鏡一翻轉，上下顛倒，燈泡置於鏡面之下，馬上便能看得清楚仔細了。就這麼簡單，一秒鐘時間，換一個方向，結果完全不同。

轉個念頭，問題迎刃而解。

我想到曾經讀過明就仁波切的一篇文章，他說有次到加拿大訪問，在靠近海邊的一個閉關中心停留了一段期間。抵達當天，天清氣朗，晴空萬里，海水湛藍，景色非常美麗。隔天一早醒來，卻發現大海像是一鍋混濁的濃湯，他心底不禁起了疑問：「這到底是怎麼回事？昨天那麼湛藍的海水，今天怎麼變得如此骯髒？」後來，他抬頭仰望天空，看到空中滿佈陰暗黝黑的烏雲，才恍然大悟，是雲的顏色改變了海水的顏色。

天空中的雲彩代表了雜亂無明的各種念頭、情緒、想法，在它的投射作用之下，影響了心的色彩及我們所認知的外境。當心念轉化，烏雲散去，海水將重現清淨澄澈本質。

01

汪洋大海是一片美麗湛藍或是濃濁汙穢，取決於頂上那片天空，是陽光燦爛，抑或烏雲籠罩。萬法唯心造，意念左右了感官所接觸六塵顯現的樣貌，意念是無垠藍天，海水便是碧藍澄淨；心念是黝暗烏雲，海水便呈現混濁不堪。

我們的心，原本就如萬里無雲藍天，只是被紛紛擾擾的各式各樣雲彩遮蔽了它的本質。**無論遇見什麼外境，注意自己的起心動念，揮去障蔽的雲朵，雲淡風輕，心安自在。**千江有水千江月，萬里無雲萬里天。轉個念，世界大不同。

Chapter 02

快樂的飛翔

我們要做的事情就是快樂。

——達賴喇嘛(當代藏傳佛教大師，1935～)

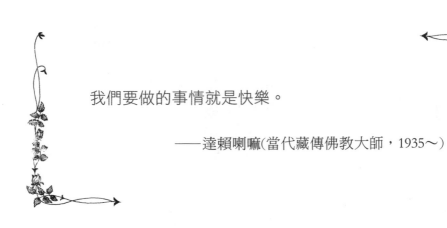

付出就是快樂

02

付出與快樂是成正比的，所有付出的努力，
最後都會以有形或無形的方式回到你的身上。

歐洲一對老夫婦中了樂透彩之後，原本開開心心將好消息公諸於世，與親朋好友分享，沒想到半年之後，因為受不了各種相識與不相識者的騷擾，最後不得不遠離家鄉，搬遷到遙遠陌生之地，重新開始生活。巨大的財富對他們來講，已經不是上帝的恩賜，而是人生災難的開始。

我們也聽聞不少夫妻或朋友為錢反目的例子，一位中了獎券的黃金單身漢在與女友結婚之後，兩人因為金錢觀的不同時常發生齟齬爭執，妻子在十年間將家產全部敗光，最後兩人走上離異之途，可以說是人財兩失。類似這種因一夕致富所造成的雲霄飛車效應普遍存在，金錢所帶來的狂喜很快便為隨之而來的惡夢所取代。所以，錢，究竟能不能買到快樂，是個相當具有爭議性的話題。

哈佛大學的天才教授麥可・諾頓（Michael Norton）做了一項很有趣的實驗，他把參與實驗者分成兩組，分別給予一筆小額金錢，其中一組可以把這筆錢拿去為自己購買任何東西，另一組則被要求將這筆錢消費在他人身上，可以是為母親購買禮物或是捐贈給慈善機構等。實驗結果發現，把錢消費在自己身上者，快樂程度與先前相較沒有太大改變，但把錢花費在他人身上的那一組，快樂程度卻有明顯的提升。這項實驗在世界各地進行，結果普世皆同。所以，金錢的確能夠買到快樂，但重點是：消費的方式。這位哈佛教授的研究證實了我們常說的一句話：**助人為快樂之本！在為他人付出的同時，內心的喜悅也會不斷湧現，增強幸福的感受。**

在美國很多慈善機構、組織都有龐大的義工團隊支援，回饋社會的強烈義工精神隨處可見。住家附近圖書館為新移民開設了英語會話課程，主其事者都是退休的社區居民，他們號召義工、招募教師，讓不諳英語的新移民在不花費一分錢的情形下，也能輕輕鬆鬆上課學習。受到他們精神感召，我也開始加入義工行列，看到這些阿公阿嬤級的學生，這麼努力的每個星期不分晴雨來上課，在佩服之餘也能享受到助人的歡喜。

將金錢花費在自己身上所能購買的快樂是短暫的，但是幫助他人所帶來的喜悅卻是扎實且能進一步改變社會的。我在家中為孩子設立了一個慈善基金（Charity Fund），每年從長輩給予的壓歲錢及其他收入中提取一部分存入，做為慈善捐款基金，以此鼓勵培養孩子慈悲喜捨之心，相信他們長大之後，自然能體會行有餘力幫助弱勢所能為社會帶來的正面力量。

哈佛大學的實驗以科學方法證實了**付出與快樂是成正比的，所有付出的努力最後都會以有形或無形的方式回到你的身上，**所以要把握任何能夠付出的機會，不管是對身邊的家人或是不認識的陌生人。德蕾莎修女說：「重要的不是付出的多寡，而是付出時投入了多少的愛。」**幸福、喜悅無法用金錢衡量，但小小一個付出的舉動，卻能夠換得快樂並且激勵人心，**這可以說是最划算的投資報酬了。

02

勇敢做自己

能找到自己人生方向的人，才能投注無比熱情，如焰火般發光發熱。
聽聽想要的是什麼，再做最貼近靈魂渴望的決定，熱情追逐夢想。

有一年回台灣，帶母親去看病，我們在診療室外等候了兩個多小時，終於見到了號稱是該領域權威的醫生，母親的輪椅在狹小的候診間東挪西移進到診療室，前後不過三十秒，醫生已經不耐煩的抱怨：「拜託你們不要浪費大家的時間！」而當我嘗試要向他解說母親的病情時，遭他粗魯的打斷：「病歷上都有，我會看。」他的態度冷峻又無情，絲毫沒有體恤病人的同理心，我們對他的期望一下從雲端跌到谷底，一個缺乏慈悲心的醫生，即便技術與專業知識再高超優秀，又有何用？我想，這位醫生從小到大一定都是名列前茅的模範生，一路從第一志願高中、第一志願醫學系到專業領域的權威，身上戴滿了許多的光環與榮耀，但他真的適合做醫生嗎？喜歡他的工作、覺得生活快樂嗎？很多台灣醫生之所以會選擇這個職業，通常都是因為父母家人的期許，自己本身是否對醫學充滿了熱情、具有悲天憫人性格，能以無比愛心、耐心對待求診的病患，恐怕是很大的問號。所以，我們才會經常看到不快樂、鬱悶的醫生，有可能他的天賦、才能與興趣根本不在此。

一位安寧病房護士寫過一篇文章，在臉書及推特上頻頻被轉載，她因為專門照顧臨終病人，所以常有機會傾聽這些病人的心聲，她歸納出大部分人一生中最感到後悔的事情是：希望當初有勇氣過自己想要過的日子，而不是別人所期望他們過的生活。

當人面臨生命的盡頭，回顧自己一生，總有一些懊憾，包括沒有實踐的理想、錯過與家人朋友相處的時光、希望能夠更率性自在的表達感受、誠實面對自己的情感……這之中，最大的遺憾便是，**大多數的人總是活在別人的期待裏，如果人生能夠重頭再來過，希望能更有**

02

自信與勇氣選擇真正想要走的路途。

周遭許多人都是從小按照著父母所安排的學業計畫與社會價值觀過日子，大學系所的選擇、職業與生涯規畫，都像是已經安裝好軟體的電腦一步步執行，很多人過了大半輩子還不曉得自己的興趣與天分究竟在哪裏，每天在別人設下的框架中過著茫茫然不快樂的生活。

前陣子聽聞朋友的女兒在名校畢業多年後，原本理工科出身的她，發覺自己真正的興趣在烹飪，於是又重回學校修習餐飲，並到餐廳中從小助理做起。這位年輕的姑娘擺脫了名校畢業生的束縛，勇敢追尋自己的夢想，這份勇氣值得佩服！我們有多少人能夠真正面對自己的理想，拋開所有世俗眼光與評斷，努力自信的去逐夢？股神巴菲特在寫給兒子的信中說了一句話：「最快樂的人，即最能和自己的生活步調和諧一致的人，並最能認清和積極實現夢想。」他的兒子彼德・巴菲特（Peter Buffett）大學念了三年便休學，沒有繼承父親華爾街股神衣缽，走向音樂創作的路，憑著父親「人生得靠自己打造」的處世哲學，在音樂界闖下了一片天。他寫了一本書《做你自己》（Life Is What You Make It–Find Your Own Path to Fulfillment.）詳細敘述了自己與父親的人生故事，他認為父親送給他最好的禮物便是——做你自己。

當大家都忙著為孩子找補習班、才藝課，拚命要擠入名校的同時，有沒有想過孩子們的天賦與真正興趣所在，適情適所，**能找到自己人生方向的人，才能投注無比熱情，如焰火般發光發熱**。自己從小求學之路平步青雲，上大學填志願老師要求按照錄取分數排行系所填寫，結果「一不小心」考到最高分上了第一志願，念了一年，發覺自己對心靈探索的東西很有興趣，還跑去心理系修課，動了轉系的念頭，結果遭到所有親朋好友一致反對，每個人的意見都是：「妳念的是第一志願，別人想進都進不來，哪還有人要轉出去？」於是一蹉跎，所學的和後來所從事的工作南轅北轍，算是浪費了國家栽培的資源。不過，幸運的是最後還是找著了最適合自己的一條路。如果時光能夠倒流，希望多點勇氣早一些選擇自己真正想追求的，而非別人眼中應該走的坦途。

相信很多人都有類似的感慨，在人生道路上面臨抉擇時，不管是讀書、就業、擇偶……，我們常常忽略內心裏那個微小的聲音，害怕做真正的自己，總是屈服於世俗的價值觀、他人的想法或是這樣那樣的考量，就缺那麼一丁點堅持及不妥協的信心，在社會主流聲音如此喧囂龐大下，要堅持傾聽內在、千山萬水獨行，的確不容易做到。如果你現在正站在人生的十字路口上，**請找一個寂靜的夜晚，將心沉澱下來，與內心裏的那個你，好好獨自相處，拋開所有外在的干擾（包括有形的環境與無形的思索），展開對話，聽聽看他（她）想要的是什麼，然後再做最貼近靈魂渴望的決定，勇敢做自己，熱情追逐夢想。**

02

不要羨慕有錢人

比啊比的，越比越覺得自己不如人，擁有再多也快樂不起來。

快樂並不是來自於外在，而是湧生於內心裏那塊無窮廣大的浩瀚。

在這個社會裏，有錢就與成功劃上等號，看那些整天被媒體追逐報導的名人、企業家，生活似乎過得光鮮多彩，住在動輒上億台幣豪宅，一年到過外度假兩、三次，身上穿戴的都是價格不斐名牌，出入有司機接送，往來盡是富貴名流，還常常出席各種衣香鬢影、杯觥交錯的高級社交場合，讓不得不為五斗米折腰的尋常上班族、打工階級好生羨慕。

但是，過著外表富貴奢華的生活是不是就與幸福快樂劃上等號？答案恐怕不見得。老牌電視影集《朱門恩怨》就是描述兩個德州石油豪門家族為了金錢利益、權力鬥爭及愛情糾葛，而產生種種扣人心弦、具有十足戲劇張力的故事。看那些人沉迷於財富與權力的遊戲中不可自拔的無奈，其實是挺可憐的，一點也不好玩。金錢的累積與欲望的填補是永無止境的，像《紅樓夢》裏〈好了歌〉所說：「世人都曉神仙好，唯有金銀忘不了。終朝只恨聚無多，及到多時眼閉了」，一旦搭上了權勢競爭的列車，只顧著賺錢、囤積財產卻忽略了生活中更重要的家人朋友及其他的一切，「及到多時眼閉了」——等到生命盡頭所有榮華富貴皆成空時，先前毫無目的攢存錢財的行為都顯得「所為何來」的荒謬。

有時比較朋友的快樂指數，發現越是富有者快樂指數越低，反倒是那些稱不上富裕的人懂得享受生活，願意對自己、對友朋付出，同時從其中帶來滿足的快樂。

認識一對夫妻，住在半山坡上的深宅大院，他們的生活極端富有，但從某個角度來看，又貧窮的可憐。說他們極端富有那是無庸置疑的：住著數百萬美金的豪華屋宇，開雙B好車，銀行存款足夠兩夫妻安養天年，物質上的享受不虞匱乏；然而男主人六十多歲了，錢財方面卻是錙銖必較，凡是人前見得著之處，汽車、房子，必定走奢華之風；人後看不見的地方卻是非常苛刻，晚上偌大的屋宇僅有一盞微弱日光燈充作照明，為了節省電費、水費，草皮花木捨不得灑水，與朋友出門旅遊則是能有便宜佔便盡量自己不花錢，日子原本可以過得多姿多彩，適情適意，盡情享受兒女離巢的退休時光，卻因吝鏗的個性，頂著富貴表象，過著貧窮人的生活。

有錢人如果不懂得知足感恩、慷慨付出，終究也與貧困者無異，可能還過得更不痛快，因為把金錢看得太重要了，忽略了人生中許多平淡溫馨的滿足喜悅。

我們之所以會羨慕有錢人，是因為不斷向外攀求的習性吧，不曉得**快樂並不是來自於外在，而是湧生於內心裏那塊無窮廣大的浩瀚**。有個小故事很有意思：一位富翁四處尋找世界上最快樂的人，有人告訴他，只要穿上那位最快樂者身上的衣服，他便能夠成為一個無憂無慮、沒有煩惱的人。於是，他長途跋涉，渴望找到那最快樂的人，只是所遇見的人都不敢自承是世界上頭號快樂者。富人便一處一處尋覓下去，執意要將這最快樂的人找到。終於有一天，他來到一座村莊，村民告訴他，現在正在林中靜坐修行者，便是他要找的人了。富人欣喜若狂，三步併做兩步趕到樹林裏，果然看到有個人在那兒打坐。他走向前，以恭謹的態度詢問修行者：「請問，您是世界上最快樂的人嗎？」那人頭也不抬地說：「是啊，我是世上最快樂的人。」富人多時的心血總算沒有白費，他高興的聲音顫抖著：「那…那…那麼，您身上的衣衫能否脫下來借我一穿，花多少代價我都願意！」結果，修行者聞言從濃密的樹影下走出來，兩手一攤，富人才發現——原來他根本沒穿衣服哪！

富人不計一切代價想要獲得快樂，卻發現再多的金銀財寶也換不來快樂。所以不必羨慕有錢人，他們的煩惱你看不見，有多少坐擁萬貫家財的人卻一點也不開心，他們也許要面對更殘酷的競爭、更赤裸的比較、更複雜詭譎的人際關係，而無法只是單純的享受人生。凡夫的心總是向外攀求，賺的錢永遠少那麼一點，住的房子總是小了一些、開的車子不夠豪華、老婆是不是能夠再溫柔一點、為什麼模範生總是生在別人家？**比啊比的，越比越覺得自己不如人，擁有再多也快樂不起來。**

獲得四次凱迪克獎（The Caldecott Medal）的美國傳奇繪本作家李奧・理歐尼（Leo Lioni））有本很棒的繪本書《世界上最大的房子》（The Biggest House in the World），裏頭那隻小鍋牛想要擁有全世界最大的家，他深富智慧的爸爸跟他說，從前從前有隻小蝸牛費盡心思想要擁有一個又巨大、又與眾不同的殼，他努力延展身體，做了各種設計，添加了許多裝飾點綴，背上的殼不斷的長大、伸出了角、還有各式各樣繽紛色彩，成了全世界最大最特別的家，所有蝸牛對他投以佩服的眼光，羨慕的不得了，覺得他真了不起，其他動物也生起了敬畏之心。就在小蝸牛得意非凡之時，卻發現，他再也無法像過去那般自由自在去覓食、與朋友玩耍。背上巨碩的家成了最沉重的負擔，哪兒也去不了，空有一個漂亮無可比擬的殼，卻失去了最可貴的自由……

聽爸爸講完故事的小蝸牛明白了其中寓意，再也不做大房子美夢，因為沉重的欲望只會成為自己的負擔，一點也不輕鬆快樂。如今他背著可愛輕巧的房子，自由自在探索大自然：清晨的露滴、紅底白點的蘑菇、清新的草花香……，**卸下了包袱，更能欣賞周遭一切，發現生活中處處充滿了驚奇與美好。**

所以，大不一定就好，小不一定就不好。**認識自己，喜歡做自己，歡喜接受所擁有的東西，不要去羨慕別人，**像小蝸牛一樣，雖然一點也不起眼，但擺脫了欲望的束縛，每天沒有負擔、開開心心過著屬於一隻小蝸牛溫馨可愛的日子。

02

執著與出離

如果我們能夠從種種執著中出離，將會變得非常強大，再也沒有任何事物或對象可以激怒你，你將獲得前所未有的自由。

最近讀到一篇文章，是宗薩欽哲仁波切所開示的，談到出離心的問題，寫得非常中肯且貼近人心，對迷失於快速而混亂生活的現代人具有醍醐灌頂的作用。

佛教裏，「出離」有很多種含義和解釋，但許多人都把佛教的出離理解為遠離人世，不食人間煙火，是一種遙不可及的夢想。其實佛法的每分道理、每個修行法門都是存在於日常生活當中，是可以具體實行應用的。要測試自己是否具備出離心，宗薩欽哲仁波切提到，可以用這種方法檢驗：在過去對你很重要的一件事，現在對你是否一點也不重要？過去可以輕易激怒你的事，現在你是否毫不在乎？如果是的話，那麼你就從這裏出離了。

所謂「出離」，就是不再執著過去所執著的事物。「當你不再執著一件事或一種習慣，它就失去指揮擺佈你的能力，你也就獲得了自由。」說得多好啊！

我們在生活中，往往會遇到不順心意的時候，孩子的叛逆、配偶的不體貼、上司的不近人情、同事的勾心鬥角、人際關係的疏離、金錢財務的壓力……，在在都讓我們活得不痛快，甚至可能只是不相熟朋友的一句批評、外面辦事員的些許刁難，都讓我們耿耿於懷，感到不舒服。這便是因為我們有太多的執著與期待，當對方不符合我們的期許時，失望於焉產生，而你也就陷入一個致你於不快樂的痛苦情境。這個時候，我們就需要出離，從一個你所執著不放的觀點中出離。**如果我們能夠從種種執著中出離，將會變得非常強大，再也沒有任何事物或對象可以激怒你，你將獲得前所未有的自由。**

這個世界充滿了不完滿及種種缺憾，不可能每件事都順從我們的心意，「試圖改變外在的世界來追求完美是徒勞無功的，永遠會有你意想不到的事情出現，把毫無準備的你激怒。你有多少執著，就有多少痛苦。」

要擺脫痛苦與不快樂，最簡易的方法便是，從所有的執著裏出離。《金剛經》提到：「凡所有相，皆是虛妄」。所有人生當中的起起落落、離合悲歡、富貴榮華或是貧賤哀戚，都將轉眼成空，沒有什麼是永恆不變的，當生命結束時，一切有為法都將如夢幻泡影般消逝無蹤。**現象的來去，自有其因緣與變化，讓它自來自去，不加以執著與判斷，才能活得自在愉悅。**《菜根譚》裏有句話講得很好：「風過疏竹，風去而竹不留聲；雁渡寒潭，雁去而潭不留影。故君子，事來而心始現，事去而心隨空。」當境界現前，有如雁鳥飛過心湖，雁子的倒影雖然映現於水中，然雁是雁，水還是水。當現象消失，鳥兒離去，一潭湖水依舊清澈無波，平靜如昔。

回想過往，有許多人事讓我們生氣、痛苦，現在再回頭看看，這種種可能當時讓我們傷心自憐甚至痛不欲生的事情，卻再也不重要了，我們能夠以客觀的心態坦然處之，這表示我們已經從這裏出離。用這種觀念與方法，來處理、面對現在生活當中的問題，將自己置放於未來兩年、五年、十年的時空中，這些問題是否還同樣重要，是否還會如此在乎、忿怒、不甘心？從這個角度出發，或許能幫助我們從現下的情境中脫困。

我們不該陷身於被那麼多的煩惱、那麼多的人與事所指揮擺佈中，將自己的快樂建立依靠在外在脆弱無常的現象中，有多少執著，便有多少煩惱、痛苦。「應無所住而生其心」，沒有執著，沒有不切實際的期待，沒有事事追求完美的心態，才能以智慧平靜的心好好過每一天的日子。

有次小兒子學校樂團在學期末舉辦演奏會，在音樂會前有一場演練，他卻忘記帶小提琴，當天上午送他上學後我才想起來，於是採買東西後匆匆忙忙趕回家拎了琴給他送去，我特別交代學校辦公室職員請她轉交給兒子，心裏還很慶幸：「幸虧我記得了，否則就錯過音樂會之前唯一的一次演練！」下午去接他放學，大老遠見他兩手空空，心中疑慮頓生：「你的小提琴呢？」他露出一副恍然大悟的神色：「喔，還在辦公室裏。」然後便咚咚咚轉身跑回學校拿琴。這時，我已經臉上三條線，小提琴還在辦公室裏，那不就代表今天一整天他都沒去拿琴，也沒參加演練會？等他拎了琴過來，我問他（語氣很明顯的不耐煩）：「你既然知道琴在辦公室，為什麼不去拿？」「老師有跟我說要去辦公室拿琴，可是我想說今天是星期一，音樂課是星期二，想說妳一定搞錯了，所以沒有去拿！」「那你知不知道今天有演練會？」「我忘記了！」小男孩聳聳肩。這時候，我心裡一把瞋怒之火已悄悄燃燒起來，特地跑一趟路將琴送給他，這小子竟然還以為是老媽糊塗搞錯日子，壓根兒都沒想到自己才是那個忘記事情的糊塗蛋！

於是，那個下午，我的心情明顯受到影響，因為整件事都沒有按照我所「想」的發生，也氣惱兒子的心不在焉。雖然演練會早已結束，我卻還在為了錯過它而懊惱（如果沒有特地把琴送過去，或許失望、指責的情緒會稍微降低），我的心，顯而易見的完全執著於：「送去小提琴、兒子沒去拿琴、錯過演練會……」這一整串事件上，不斷的打轉，抽離不出來。

事後仔細想想，錯過了就錯過了，再多的懊惱、生氣也於事無補，我們並不能代替孩子過日子，一切的經驗他必須自己承擔。當時的反應證明了凡夫俗子的愚痴，很容易便因外在種種現象遮蔽了處理問題的清明智慧，真的是：有多少執著，便有多少煩惱！

所有的執著都是來自於「我」，《利器之輪》中，法護菩薩闡述，「凡事都如鏡中影像，我們卻想像它們是無比真實；凡事都如山上雲霧，我們卻想像它們是堅固實在。」因為渺小的我們，往往將外在的事物，拉到以自我為中心的水平中觀察、判斷，以我們的價值觀衡量評斷所有的東西，在自我操縱下，我們遂被種種狹隘自私的觀點所奴役而不自知。宗薩欽哲仁波切的方法，便是教導我們，這個世界上許多事情都不會輕易俯首聽命，事事順著你。**很多人試圖創造完美的世界，最終都證明失敗了，而只要把心稍做調整，一切都會是美好的。**

要改變外在環境，不如從改變自己的心做起，擁有一顆出離所有虛幻執著的心，便是快樂自在生活的保證。

02

世界上最快樂的人

藉由不間斷的練習轉化心念與思想，培養慈悲與智慧，
才能做心的主人，獲得真正的喜悅安樂。

當代禪修大師詠給・明就仁波切，自小患有恐慌症，最後藉由禪修克服病症，並在「快樂與禪定」的實驗中被測出，大腦快樂指數在禪定狀態中躍升了七〇〇％，被譽為「世界上最快樂的人」。

他與美國威斯康辛大學大腦造像與行為科學實驗室合作，透過大量的科學研究和實驗證明，心的禪定練習的確能使認知及大腦神經元活動產生變化，使人獲得快樂。他結合了佛法與科學，以臨床的研究成果向世人展示了禪修能夠轉化恐懼、害怕、焦慮等種種負面情緒的驚人成就，禪修超越宗教信仰幫助每個人遠離痛苦，創造輕鬆喜悅的人生。

這幾年，凡是標榜身心靈健康的課程、講座無不大受歡迎，這說明了其實大部分的人都活得不快樂。明就仁波切認為一般人尋求快樂的方式都是短暫的刺激：光顧新開張餐廳、更換不同工作、開始一段新的情感關係、到新奇的地點度假……，這些不同的人事物提供了短暫的刺激，讓我們獲得一時的興奮、快感，但過一陣子之後，這些興奮快樂逐漸沉寂，所有的新鮮感又歸於平凡無奇，一點也不好玩了，於是開始轉移目標去尋找新的刺激，如此周而復始，永遠在與快樂捉迷藏。**「如果你真的想要找到恆常的平靜與滿足，你就得學會安住身心；唯有安住身心才能讓內在的本質顯露而出。**那麼，愚痴、貪著、嗔念等煩惱，就會逐漸平息下來。這時，自心的真正本質（慈悲、清明、無邊際的開闊境界）就會展現出來。」

當我閱讀明就仁波切的著作時，他所談到的禪修方法，與過去所學所知有很大不同。以前以為禪坐時，不能有妄念、妄想，要趕快回到數息、回到方法。這樣子的禪修其實對我來講是頗為吃力的，自始都是一個念頭很多且一心數用的人，要做到腦中全然放空，到達一種寂靜、清明的境界，是很困難的。且在自我要求下，一開始便設定打坐時間越長越好，在這種不切實際的期待下，反而更抗拒打坐，所以達不到什麼效果。

他的方法其實很簡單，包括「無所緣禪修」讓自己的心安住在當下，觀察念頭來來去去，不管是好的、不好的，都把它當作天空中來來去去、漂浮不定的雲朵，心則是廣闊無垠的天空，禪修則是一種不帶評論的覺知過程，用客觀的角度觀察自己主觀的經驗，開始練習單純看著念頭來來去去。**無論有什麼念頭起落，不要在意它，也不要試圖壓抑它，只要看著它來去便可。重要的是，保持當下的覺知，以開放的心接受當下所有可能性。**

剛開始禪修，不要求時間的長度，一天當中讓心安住的次數要多，每次安住的時間要短，像滴水禪，涓滴挹注，反而能達到更好的效果。

另一個方法是將心安住在對境上，即「有所緣禪修」。利用感官與外境訓練自己專注能力。如以色相為助緣的禪修，將注意力放在一個東西上，觀察其形狀和顏色；還有以聲音為助緣的禪修，用耳朵覺察所聽見的聲音，逐漸去習慣聲音只不過是聲音的本相，如此便能以一種更輕鬆的態度去聆聽別人說話，不會輕易被聲音所帶的含意牽引情緒。其他還有以氣味、以味道為助緣的禪修，能將往外追逐的心收回在感官與對境的專注上，對於當下覺知能力的提升幫助很大。

葛桑巴大師說：「念頭升起時，不要把它當作是一種缺失，但要認出它是空性的，任它如是呈現。」當對念頭的覺知與觀察較為成熟時，就會注意到念頭與念頭中間留有很小的空隙，一開始，這空隙不會很長，但經過不斷的練習，空隙將會越來越長，心也會越來越空明，更能安住於每一個時刻中。

要讓心維持正念的修持並非一蹴可幾，但是藉由不斷的練習，將會變得越來越簡單，而且禪的修習隨時隨地可以進行，不論是在家裡還是外面，只要有空，便能進行禪修的練習，也不需要一定得用打坐的姿勢，只要舒服，能把心安靜下來便可。

我們的教育都太偏重邏輯與分析的訓練，讓大腦往往忙碌於接收與分析外來的資訊，當我們對所看到、所聽到的東西起judgment（判斷），內心自然會有好與不好的判斷，心情與情緒便會受影響。如果能學著對耳朵聽見的聲音、眼睛看到的影像就只是當作聲音、影像，不起任何念頭，心自然能以全然覺知的方式活在當下。

海濤法師講得很棒，我們凡夫的心念時刻變化，今天喜歡某個人，改天就不喜歡了；現在感到新奇有趣的人事物，過陣子就覺得枯燥乏味。「心念的活動就像下雨一樣，一滴接著一滴，沒有間斷，光是觀察這些念頭就非常累人，何況是在生活上跟著它跑、跟著它轉？」面對隨時可能改變的人心與事物，我們卻往往執著於其間無法自拔，這就是不快樂的根源。所以，**徹底藉由不間斷的練習轉化心念與思想，培養慈悲與智慧，才能做心的主人，獲得真正的喜悅安樂。**

02

禪與腦的美麗樂章

禪啟動腦部某些神經迴路連結，感受到與外界合而為一的輕鬆與廣闊。

只要願意，我們隨時都可以回到當下，讓心緒歸於寧靜。

第一次在網路TED（Technology, Entertainment, Design，科技、娛樂、設計）論壇上看到吉兒・泰勒博士（Jill Bolte Taylor）的演講，就被她所描述的狀態震懾住了。一九九六年聖誕節前夕，這位神經解剖學家經歷了一場驚心動魄的動靜脈先天畸形所引發的腦中風。當時，她的腦血管爆裂出血，面積蔓延了左腦主管語言、定向力聯絡區、運動與感官知覺的區域，一瞬間，吉兒所熟悉的世界在她面前崩解。奇異的是，她逐漸不能分辨出身體的疆界，分不清自己從哪裏開始，往哪裏結束，成為一個如流體似的東西與周遭環境融合在一塊，與所有宇宙能量合而為一。暫時失去功能的左腦，此時不再發號施令，內心寂靜下來，身心被包裹於右腦寧靜、祥和、幸福且全知的感覺中，獲得前所未有的解脫，這個經驗幾乎像是進入開悟狀態了。

當意識到自己可能中風時，這位腦神經科學家的反應竟是：酷斃了！有幾位科學家有機會從內部去研究自己的腦袋功能和智力退化？她把一身都奉獻出來，想了解人腦如何創造出我們所認知的現實世界，現在卻有機會以自身所學，觀察中風所造成的各種身心變化，如同經歷了一場深入腦袋功能的意外朝聖之旅。她把這段中風的經過及復健過程，巨細靡遺記錄下來寫成《奇蹟》（My Stroke of Insight）這本書。

書中最迷人之處在於，泰勒博士以其畢身所學對於腦功能的了解，詳細描述當血液從爆開的血管竄流出來蔓延左邊腦袋時，身體各部位所受到的衝擊，包括無法理解表達語言、喪失行動功能、失去界域的覺知、沒有了時間的感受與處理整合外界資訊的能力；當出血打斷了左腦正常功能時，她的知覺便不再受分類與細節的拘束，而有了與外在所有一切交融在一塊的天人合一的美妙感受。在發生中風幾個小時之後，身體分子團所擁有的電子生命力慢慢黯淡下來，帶著一顆沉寂的腦和一顆平靜的心，體內一股巨大的能量汩汩升起，此時生理上雖癱軟下來，意識卻升高為一種緩慢的震動。在缺乏視覺、聽覺、觸覺、嗅覺、味覺及恐懼的情形下，吉兒覺得靈魂不再與軀體相連結，而從痛苦中徹底解放出來。

人類對於腦世界的認知非常有限，從十九世紀末神經元學說的染色技術開始，到七〇年代探討兩個半腦在處理資訊及學習新事物的異同，腦神經生理學才逐漸蓬勃發展起來；然而關於左右腦如何天衣無縫、完美無瑕的統合外界紛至沓來的刺激，做出最優勢的回應，其間的奧妙科學家尚無法理出頭緒。一個右腦佔據優勢的人與一個左腦佔據優勢的人，在性格、性向的展現、才能的領域、學習的方式與經驗到的世界，都存有很大差異。關於感覺與資訊如何整合而理解外在世界、學習和記憶的關係、意識的整體性如何保持、大腦又是如何創造出主觀覺受……，都是目前腦神經科學熱門研究的課題。

《奇蹟》書中所描述的右腦掌管、詮釋的現象，諸如意念活在當下那一刻、與周圍所有事物成為一個無可分割的巨大能量體，沒有左腦不間斷的分析、自我對話與價值評斷，內心湧現前所未有的寧靜氛圍與深沉的鬆弛……，這樣的狀態和禪坐所達到的明心見性幾乎異曲同工。泰勒博士發現的右腦直覺智慧與喜悅祥和感受，為禪與腦的相互關聯揭開了一個明亮耀眼的路徑，我們不需要透過腦袋的創傷，也能夠讓身體走進和諧平靜的狀態。泰勒博士的親身體驗，直指了改變腦部某些神經迴路的作用與管道，可以帶領我們到達修行觸及的境界。這一切，都只是發生在「小小的頂上區域」。

在緩慢的復健過程中，泰勒博士一方面欣喜於喪失的功能逐漸一點一滴恢復，一方面又不免擔憂，舊有的人格特質、思考模式與負面神經迴路連結是不是也會死灰復燃，重新回到往日頑固、傲慢、嘲諷、汲汲營營的老路。她不知道究竟得犧牲多少新發現的右腦意識、價值觀以及相關性格，才能拾回左腦技巧。幸運的是，她發現，自己對身體的主宰能力遠超過想像，當在意識上對某個特定迴路給予注意力越多，或是對某些特定思緒想的時間越長，只要有少許外界刺激，那些迴路或思想便會跳脫出來有更大的動力再度運轉。左腦重出江湖，並不意味著右腦意識就得退隱，相反的，**每個人對於外在事物如何感覺與思考是擁有很大自主權與選擇能力，任何時候我們都能夠「踏入正途」**（stepping to the right，**也就是走進右腦意識），擁抱最純粹、沒有煩憂的美好心靈**，只要願意，隨時都可以回到當下，此時，此地，讓心緒歸於寧靜、祥和。

泰勒博士提出了幾個建議，隨時提醒自己是屬於一個更大架構的一部分，這個架構就是一道永恆的能量與分子流，與宏觀的宇宙是密不可分的，自然湧生生命是永恆美好的安穩之感。我們的思考模式是建立在豐富的多維迴路裏，學習從一個純旁觀、不批判的角度來傾聽你的腦袋，這也許需要很長的練習與耐心，然一旦掌握此種藝術，就能擺脫那佔據腦子裏憂心忡忡、喋喋不休的說故事高手，使身心歸於喜悅、靜謐。

此外，如傾聽萬籟，找時間放下所有俗事，心無旁騖觀察自己的生命，讓感恩與慶幸的感覺充滿意識。藉由專注的品嚐食物、聆聽外在聲音、聞嗅芳香氣味、及視覺、觸覺等，記取這些細微的內心深處神經連結，利用感官刺激，啟動純真、活在當下的美妙思緒，體驗與生俱來的喜樂狀態。

書中所描述的這些方法，其實與禪的修行有異曲同工之處。科學實驗已經證明了禪修與大腦功能的相對應關係，當坐禪者進入禪定狀態，大腦的活動會呈現出規律的腦波，此時支配知性與理性思考的腦部新皮質作用受到抑制，負責調整荷爾蒙的腦幹與腦丘下部的作用，會變得活性化，身心處於和諧、穩定、空靈的境界。此時，**聒噪的左腦安靜下來，右腦接掌了身體，能量如泉湧般自然無礙的流動，身體與宇宙磁場接上軌道，感知覺受能力變得異常敏銳，許多潛能也於這個時候被開發出來。**

禪啟動了腦部某些神經迴路連結，讓我們感受到與外在世界合而為一的輕鬆與廣闊，對於如何運轉這個內在清安淨觀的迴路，最重要一點是：努力活在當下。**從善於分析思考的左邊腦袋回歸到直覺與全知的右邊腦袋，身心處於當下那個珍貴時刻，沒有過去，也沒有未來。**泰勒博士於死神擦身而過的危急時光，那電光石火一刻窺得了千千萬萬人憧憬夢想的境界，譜出了禪與腦的美麗樂章。

即便後來經過漫長的復健療養，受創傷的左腦功能逐漸恢復，屬於她窺見、洞悉的右腦寧靜而深遂的一面並不因此遁隱，在她有意識的覺知與導引之下，更能掌握讓心思於一念之間從左腦認知心智的激烈迴路轉移開，進入深處關愛、靜謐的天地。經過這次生死攸關的經歷，她理解到，任何人在任何時間，都能夠觸及內心最深沉的平靜，這種涅槃經驗就存在於右腦那一小方區域中，隨時等待我們去擷取，**只要下定決心，有意識的選擇我們面對外界刺激的詮釋與回應方式，重新活絡快樂思想模式迴路，即能在片刻間拾得自在安詳的心境。**

有句話：「**開悟，不是一個學習的過程，而是一個不學習的過程。**」遠離批判、評斷、鑽牛角尖的後天思維模式，踏入直觀、悲憫、祥和的本來面目，或許便能體驗到《奇蹟》書中所描述的近乎大腦開悟的和諧曼妙境地了。

02

從大夢中覺醒

不管是美好、還是醜陋，是歡喜還是苦惱，所有這一切終究會結束，只要放下、清醒了，就沒有任何東西能再牽絆你。

電影「駭客任務」（The Matrix）裡，人類生活在電腦程式所設計架構的虛擬世界中，跟隨著虛幻的情節輾轉起伏一生，裡頭有許多深具哲學性與宗教意味的對話鋪陳，例如針對男主角尼歐（Neo）有關生命實相的疑問，飛行船艦長莫斐斯（Morpheus）告訴他：這個虛幻的世界圍繞著我們無所不在，從降生開始你的見聞覺知就被局限束縛了，你無法真正的嗅聞、觸摸、體悟真相……，因為這世間是心的牢籠。

莫斐斯是希臘神話的夢神，掌管人類的夢境，賦予睡夢中人物不同形體與角色，由與他同名的艦長來詮釋這段話別具深意，暗喻人生如夢，在夢裡面我們經歷了生老病死，各種悲歡離合、繁華滄桑，但這些都是虛妄不存在，是心識所羅織起來的虛擬時空，要從這場大夢中跳脫出來，發掘實相，唯一的方式便是：醒過來！

有一個流傳很廣的小故事，佛對每個向他請求解決人生困境者的答案都是：「放下吧。」其中一人很困惑地問：「我們每個人所遭遇的困難都不同，為什麼您給的答案只有一個呢？」佛回答：「你每天晚上睡覺做的夢一不一樣？」「當然不一樣啊！」佛說：「你睡了千千萬萬次，便做了千千萬萬次的夢，然而結束夢的方法永遠只有一個，那便是——醒過來。」

從小到大是一個很會做夢的人，而且夢境情節豐富、生動逼真。有時夢進行到一半，鬧鐘突然響起，夢中的場景、對話嘎然而止，回到現實世界，所有屬於夢裏的輾轉瞬間成空，夢與現實的對照鮮明無比，不禁覺得剛剛那個在虛幻夢境中，跟隨不實際存在情節心緒起伏擺盪的，是我？抑非我？是莊周夢蝶或蝶夢莊周？

在夢裡面，做夢的人並不知曉自己只是在夢境中，每件事，每個遇見的人，每段對話，都無比清晰真實，我們也會痛，也會笑，也會害怕，也會哭，只有在醒過來那一刻，才恍然大悟：原來剛剛只是做了場夢！有幾次從具挑戰性的夢中醒來，餘悸猶存，不禁覺得：幸好只是做了場夢啊，不用真的去面對那些難關，有種「慶幸能藉由清醒過來從光怪陸離的幻想情境中脫身」鬆了口氣的感覺。記得很久以前有部美國電視影集《陰陽魔界》（The Twilight Zone），每一集內容都充滿了弔詭的豐富想像力。其中有個關於做夢的故事，男主角一直活在重複的夢境中，每次好不容易夢醒了，卻發現只是夢中之夢，又回到最起始夢的輪迴當中，一遍又一遍經驗令人痛苦的歷程。

不能清醒解脫，真的好折磨！

從每夜的夢中醒過來容易，從人生大夢中清醒過來卻似乎困難重重。生命裡沒有一個鬧鐘，鈴鈴鈴……便可以把我們叫醒，或是有個人，拍拍肩膀便能把我們喚醒。每天每日我們忘情投入這齣早已編寫好的戲碼，將自己的六根、感官、色身浸淫在外相境界裡，隨之波動起伏，盡責扮演好各種角色，哭、笑、喜、憂，就像《駭客任務》裡被programmed（程式設計）的人類，在設計好的程式與大腦神經元作用下，創造一個虛擬的世界，於其中混混沌沌度過一生。

有些人，想醒醒不過來，有些人不願意醒來，或是根本沒有覺察理解這從頭到尾都只是一場夢，一個虛幻的由心所築構起來的大千世界，如《楞嚴經》所說：「諸法所生，唯心所現，一切因果，世界微塵，因心成體。」萬法唯心造，從微塵至宇宙萬事萬物，無一不是由心所創造，**心如工畫師，你所眼見的時空便是心識的投射，選擇的是美好，看見的便都是美好；選擇的是醜惡，扭曲的心便造就出種種令人厭惡的現象景況。**

不管是美好、還是醜陋；是歡喜還是苦惱，所有這一切終究會結束，只要放下、清醒了，就沒有任何東西能再牽絆你，讓你煩惱，讓你傷痛。永嘉大師《證道歌》：「夢裡明明有六趣，覺後空空無大千。」人生其實只是一場空無的夢境，從夢中醒悟之後，才能了悟種種的執著、愚痴、賣力跟隨因果業緣演出，到頭來如夢幻泡影，一切皆成空。所謂迷則有三界，悟則十方空，觀萬有如夢，才能夠放下我執，自在解脫。

「執著」是所有煩惱的根源，因為認同了「自我」，便衍生出從「我」而來的種種需索、習性、計較、執念，自我慢慢消融便是一步步從夢中清醒的過程。想想看，我們有多少的抱怨、不快樂，都是因為拘困在心智小我的偏頗價值觀所投射出去的評斷，所有的快樂是因為「我」，所有的痛苦也是因為「我」，並不知道那其實並非我，並沒有一個真正「我」的存在，也沒有與之對立的物事。聖嚴師父遇見任何一個人，心裏想的是「這個人跟我接觸以後，能夠得到什麼利益？」**如果能時時抱持利他的心態，自我會越來越渺小，我執淡化，**

由貪嗔癡種種無明所衍生的煩惱便能夠逐漸放下。

「大夢誰先覺，平生我自知」諸葛亮在劉備三顧茅廬時吟誦了這首家喻戶曉的詩，點出在那樣一個亂石崩雲、驚濤拍岸，浪淘盡千古風流人物的世代，最終仍是「人生如夢，一尊還酹江月」。世事翻騰，到最後一切歸於空無寂滅，如夢初醒。

在這場亙古至今幻化萬千的大夢中，誰能夠先覺醒、幡然徹悟呢？

02

02

不執著的生活態度

我們應該向有智慧的銀髮老先生、老太太學習，
學習他們的寬容、開朗、熱心關懷他人及不執著的生活態度。

多年前隔壁住了一位英國老紳士丹尼爾，老伴很早便過世了，兩個子女因為住得遙遠很少回來。雖然一個人獨居，日子卻過得輕鬆寫意，逍遙自在。經常見他一派優閒騎著腳踏車四處溜躂，不是去附近的慈善機構做義工，便是去找老朋友喝茶、聊天。我們在前院種了一排玫瑰，正好靠近他的車道，春天時玫瑰花爭奇鬥艷恣意綻放，丹尼爾很高興的告訴我們：「謝謝你們種了這麼美麗的花，讓我每天出門、回家看到時都會有一副好心情！」

其實，我們種的那排玫瑰花枝葉茂盛已經擋到丹尼爾的部分車道，他非但不以為忤，還以歡喜讚嘆的心向我們道謝。有一年，因為風災院子的一棵松樹枝幹掉落，正好砸中他的工具屋，屋頂陷落了一大塊。當我們懷著忐忑的心登門道歉時，老先生反而安慰我們，說那棟工具屋早就該整理了，只是因為忙碌一直拖延著，「現在屋頂凹陷，正好提醒我該開始動工囉！」丹尼爾的寬宏與豁達減輕了我們許多愧疚與不安，並慶幸有這樣的好鄰居為伴。

斜對面的喬安也是一位和善慈祥的老太太，當年我們因為房子改建，搬出去將近一年時間，屋子整修完畢搬回家，喬安第一時間拎了家中院子自己栽種的水果前來問候歡迎我們，窩心的舉動帶來滿滿的暖意。熱心的她有一次舉辦了街區派對（Block Party），邀請街坊鄰居到她家中一起歡聚。平日大家各忙各的，很難得藉由這個機會更加認識彼此。派對之後，喬安還費心整理了每戶家庭的聯絡資訊，包括成員名字、電話及e-mail 帳號，貼心的親自登門送給大家。

我在早晨散步時經常會遇見她，和她可愛的拉不拉多犬Max，我們總會停下腳步閒聊幾句。有一次談到近幾年中國大陸投資客在這裡一擲千金購買房地產，導致房價居高不下的情形，喬安是典型美國老太太，有禮、和善，並不反對外國人一窩蜂在她住了一輩子的家鄉置產，然而對於房屋過戶後卻無人入住，使得附近街道越來越多空屋的現象深感憂心。她對鄰近幾條巷弄的房屋、住戶情況瞭若指掌，哪一戶空著、哪一棟有人定期會來清掃，通通逃不過她的法眼。喬安還提醒我：「"We walkers" should keep an eye on our neighborhood.」（指我們經常在附近散步的人需要注意鄰里各種狀況，提高警覺，守望相助。）她用"we walkers"這個名詞既生動又貼切。是呀，我們應該感謝這些"elderly walkers"（年長的散步者），他們的熱心與巡邏守望確保了小城的住家安全，是最棒的守護者。

還有一位退休護士貝琪，七十多歲了依舊每天開著小卡車到處跑。因為先生不良於行，食衣住行大大小小事情都是她在張羅照顧。紅褐色捲髮、步履輕快的她一點都看不出實際年齡。幾年前聖塔安娜焚風狂襲，附近城鎮電路毀損，有近一星期時間過著沒有電力的原始生活。當時在停電數天後，我和貝琪不斷交換從愛迪生電力公司所獲知的供電搶救情形，互相訴苦不見天日的諸多不便。同時看著對街鄰居比我們晚停電卻早一步恢復電力、燈火通明的情況，在羨慕中又有一種同仇敵愾的小小不平衡，現在回想起來覺得十分有趣。

在我們居住的小城，如丹尼爾、喬安、貝琪這種獨居或與老伴相依為命的銀髮族比比皆是，經常看見他們牽著小狗悠閒的在街頭散步，每次相遇，都會熱情的與我招呼、寒暄。雖然子女不在身邊，生活起居一切都得自食其力，但是**在他們身上完全看不出任何自怨自艾的情緒，對生命依舊懷抱熱情、怡然自得，散發一種長者的溫暖與慈藹**。我的這些老美鄰居在人生的黃昏階段依然仍保有積極正面的心態，過著知足、恬淡、美好的生活。

美國的退休生活環境其實並不十分理想，醫療成本昂貴，老人公寓所費不眥，大眾運輸工具不夠普及，到哪兒都要自己開車，加上子女普遍住的遙遠，幾乎所有事情都須事必躬親，如果不是具有堅強獨立自主的個性，難免會陷入怨嘆的自苦情緒。

反觀台灣，因為文化與傳統觀念影響，父母對於子女有較大的期望與依賴，當兒女的狀況不符合期待，便會衍生失落的情感。有些老人家因為看病沒有子女相伴便開始自憐，一位長輩告訴我，有一次到醫院看病，見到別的老人都有家人陪伴，只有他孤獨一個人進出診間、做檢驗、等候領藥，心裡覺得很辛酸。他的身體狀況還算健朗，一個人看病不是問題，但在東方社會對兒女侍奉身旁的理所當然期待下，很容易會有期望落空的怨懟。西方人對子女則沒有這樣的期許，孩子們逢年過節能夠抽空回來探望他們，就是一件值得開心的事，他們認為每個人都是獨立的個體，自己要為自己負責，所以很多老美年紀很大無法獨自生活時，寧可搬到老人公寓也不要和子女同住。

許多台灣長者的負面情緒很大一部分來自於家庭，既希望三代同堂，又做不到生活在同一屋簷下需要具備的寬容與體諒。過度介入下一代婚姻生活，看不慣這個、抱怨那個，連子女生小孩、生幾個小孩、是男是女，都會成為家庭爭端的來源。有些老人家喜歡比較誰的兒子有成就、誰的媳婦體貼孝順，把自己後半輩子人生的快樂指數，完全仰賴於兒女的態度與照顧程度，無法拋開這些執著束縛，用有智慧的方式安排生活。台灣的長輩煩惱特別多，我想很重要的原因是：想不開，放不下。

同樣是獨居，西方人不會有被子女漠視、甚至拋棄的念頭，他們忙著去社區中心學跳舞、繪畫、攝影、參加讀書會，奉獻時間與精力做義工。市府圖書館有個專為新移民開設的英語會話班，我曾經擔任過幾次代課老師，從行政人員到授課教師全部都是義務幫忙。負責規劃、執行的則是一位八十多歲的退休老太太，她的熱情與活力不輸給年輕人，從開班以來已經幫助許許多多新移民，使他們能縮短語言隔閡的適應期，早日融入新環境。

「心態」決定了老年生活的品質，我經常要向那些有智慧的銀髮老先生、老太太學習，學習他們的寬容、開朗、熱心關懷他人及不執著的生活態度，安然自在享受每一天。即使他們體力已衰退，健康不復從前，仍然能從付出關心、珍惜把握生命最後的長青歲月，擁有一個美善的「晚美人生」。

保持積極正向思考，做一個有智慧的老人，如聖嚴師父所說：「夕陽無限好，不是近黃昏；前程似美錦，旭日又東昇。」換一種心態，「老齡」也能成為「樂齡」。

Chapter 2 快樂的飛翔

和小王子一起飛翔

02

脫下層層外衣，重重累贅，才能尋回光明純淨沒有任何束縛的心。

這是小王子尋鄉的過程，也是我們所有人重新發現佛性的歷程。

小時候很喜歡法國作家安東尼・聖修伯里（Antoine de Saint-Exupery）寫的經典故事《小王子》（The Little Prince），書中外星人主角小王子流浪於星球與星球之間，遇到形形色色的人，包括有控制欲的國王、用酒精麻醉自己的酒鬼、精打細算的商人、只想被仰慕，除了讚美什麼都聽不見的自負狂，以及那個在一分鐘便自轉一次的微小星球上不斷做著點燈、熄燈動作的燈人。最後小王子因為思念家鄉那朵他呵護照顧的玫瑰花，毅然決然拋開驅體的牽絆，自在解脫，回歸到距離地球遙遠光年以外的故鄉，全書充滿意象的內容帶給許多孩童無窮想像的空間。

這個故事可以從很多方面來解讀，有人從當中體會了愛是需要無條件的包容與付出，人生中真正重要的東西用眼睛是看不見的，需要用心才能夠看得清楚。我自己最喜歡的部分，是小王子在星球間流浪的情節，從小便喜歡看星星，在夜空中閃爍的一顆顆星子，屬於小王子的B612星球是哪一顆呢？在無窮盡的星海中是不是也居住了與人類相同的外星人，如果能夠在星際間自由的流浪、旅行，是不是一件很酷的事！我常常做著飛翔的夢，遨遊在無限浩瀚的廣大宇宙間。有趣的是，有時身輕如燕騰空而起，有時是騎著類似滑板車的飛行器，呼嘯在藍天中，無拘無束，任意而行。擺脫了地心引力的束縛，在廣闊的空間自由自在遨翔，似乎所有身心煩惱的擔子也跟著卸下，輕鬆寫意無比。

其實，我們心裡面都住著一個小王子，純真、善良而脆弱，內心渴望去到很遠很遠的地方，去探索、去發掘，像《世紀經》裡的光音天人來到光亮美麗的地球，後來因為無名欲望染著了自我、執著，身體逐漸沉重，不再能輕盈飛翔，在地球定居下來，成了人類的祖先。「諸眾生等，多得生於光音天上，是諸眾生，生彼天時，身心歡愉，喜悅為食，自然光明，又有神通，乘空而行，得最勝色，年壽長遠，安樂而往。」

這些光音天人，具有神通力，以喜悅為食，還能隨心所欲任意飛行，難怪我有那麼多稀奇古怪有關飛翔的美夢，原來飛翔的因子早就存在於人類的祖先當中。

佛教的宇宙觀大概是所有宗教中最符合現代科學理論，佛陀於《阿彌陀經》中開示，我們所居住的地球東南西北及上下都有諸佛各國，遍覆三千大千世界，太陽和月亮則是繞著須彌山旋轉。近代的天文學也證實太陽在靠近銀河系一個螺旋臂的邊緣，的確是圍繞著銀河系中心軌道在旋轉。須彌山周圍有四大部洲，包含東勝神洲、西牛賀洲、北俱盧洲及美麗的地球所屬的南瞻部洲，又名閻浮提，所以佛經中常說閻浮提眾生指的便是降生於地球的人類。依照這個描述，除了我們居住的這顆藍色星球，無邊無際的太空中還存在著許多超越現今科學知識的現象與生命。每當讀《地藏經》時念到佛在忉利天宮為母說法，心理不禁會揣想「忉利天」究竟在何方？又是怎樣一副光景？真是令人好不神往，恨不能沒有軀殼的牽絆以意念即刻飛往。

如果你認同佛經中所描繪的世界觀，你的眼界將不再拘泥於小小的方圓中，從家庭、社區、部落、城鎮、都會、國家、洲洋、地球村、太陽系、銀河、星雲、宇宙乃至無窮無盡，

02

無限延伸。**當遇到棘手似乎無可解的難題時，可以跳脫出來，把自己拉高到無窮遠的蒼穹之中，往下凝望，會發現地球是何其渺小，何況是寄居其中的人類與所衍生的種種問題。眼界放寬，心量放大了，自我與執著心漸漸消融，無明煩惱自然淡化。**

小王子最終想念他最愛的那朵玫瑰花，決定拋棄有形的身體，回到原來居住的星球。沒有外相的包袱，意念能夠在倏忽之間到達最遙遠的地方。這裡有個象徵意涵，對於肉體（自我）的執著永遠都是一種障礙，法國作家雨果說：「人有肉體，這肉體就同時是人的負擔和誘惑。人拖著它，並受它支配。」許多痛苦都是為了要滿足這副肉體的欲望，想要回歸純真本我的過程，必須放下所有罣礙，包括種種執取、習性、對色身欲念的貪著……，**脫下層層外衣，重重累贅，才能尋回光明純淨沒有任何束縛的心。這是小王子尋鄉的過程，也是我們所有人重新發現佛性的歷程。**

九〇％的煩惱來自於自我的執念，因為太看重「我」了，我的需要、我的想法、我的感受、我的立場……，這個我的念頭像是戴上了有色眼鏡觀看這個世界，無法讓事物如實呈現它原本的樣貌，偏差的解讀導致貪嗔癡的無明衍生。**你的自我有多大，煩惱便有多深重。**以前曾經有位朋友，經常都愁眉苦臉，每次和她聊天時，總是叨叨不停敘述著發生在自己身上的種種，內容永遠都是圍繞著「我……如何如何」，即便我想改變話題，嘗試引導她轉移注意力，她都充耳不聞，馬上將頻道切換至「我……」的模式，彷彿這個世間什麼都不存在，只有「我」與「我的煩惱」。如果能夠將自我看淡一點，稍微打開心房關注周遭的人事物，不要把全副心思都放在自我上面，就不會有那麼多的痛苦。

沒有一個自我意識強大的人可以過得很快樂，因為只要外境違逆了我的所想所望，苦念便會產生。布袋和尚說：「我有一布袋，虛空無罣礙，展開遍十方，入時觀自在。」這個布袋就是一種自在的心境與胸懷，能夠容納所有東西，如同虛空一般，沒有什麼是他不能接受、包容的，也沒有任何疆界的束縛與限制。**如果你的布袋裡只有裝了「我」，每天扛著它，日子會過得越來越沉重。**

曾經和一位法師分享有關飛行的夢，他說，會做飛行夢的人都有顆想開悟的心。開悟對我來說，太遙遠。飛翔的夢境中，可以感受到拋開所有物質領域的外相罣礙、無拘無束的暢快自在。也許，在遙遠天際，有一顆屬於我們的星星，就像小王子的B612號星球，也有一株玫瑰在等待著。**哪一天，如果我們能拋開所有執著，真正放下，重拾內心裏的純粹真我，或許便能在倏忽間回到那個永恆的所在，開啟無上光明智慧。**小王子不斷於宇宙間旅行及尋鄉的過程，也隱含了這樣的啟悟。

02

Chapter 03

糊塗過日子

當你清晨醒來，想想能活著、能思索、能享有及去愛是一樁多麼美好的特權。

——馬可斯・奧立留(羅馬帝王，121～180)

03

擺脱醬缸生活

每天都要把缸子裏面的東西清乾淨，讓心情歸零，

把不好的意識念頭全部丟棄掉，每天都是全新的開始。

作家柏楊曾說中國文化是一種「醬缸文化」，意思是指很多不合時宜的規矩、習慣、傳統，全部都摻雜在一塊兒，形成一股酸腐的醬缸氣息。這裏的醬缸指的是整體文化環境，但是，如果不注意的話，我們每天的日子也很可能淪為一種醬缸式的生活而不自知。

所謂醬缸式的生活，裏面包含了不好的習慣、負面的思維模式、不愉快的記憶、與生具來的習性……，還有很多過去所遇到的種種令人不愉快的人物與場景，這些通通都放在我們的生活容器中，久而久之，互相作用影響產生尖酸腐敗的氣味，醬缸的日子於焉形成。我們每天背負著這桶生活的醬缸，還不時的灑幾把烏煙瘴氣的情緒進去，看到的每件人事、聞到的每種東西，都沾惹了這種腐敗的味道，看什麼都不順眼，以為全天下的人都跟自己過不去，殊不知都是自己身上這桶生活醬缸在作祟，無法用清明自在的本來面目面對外邊的世界。

要擺脫醬缸生活，最重要的是，每天都要把缸子裏面的東西清乾淨，讓心情歸零，想像mind（心）是一個recycle bin（回收站），把不好的意識念頭全部丟棄掉，每天都是全新的開始，都是新鮮的第一次。家人、朋友、孩子、路旁的一朵野花、天空的浮雲、辦公室的同事、濃蔭的綠樹……，都是生命當中的第一次，唯有抱持第一次的想法，才能以持平的心態對待周遭的人事物，而不會把過往的成見、扭曲的印象、刻板的想法加進來，將醬缸裏面的東西又重新掏出來攪和一番。生活當中八〇%的煩惱都是演繹想像出來的，而且往往在醬缸中加油添醋，新愁加舊恨，經過發酵作用，兩分的不滿意演變成十二萬分的怨懟，衝突、誤會、不快樂於是紛紛出籠。

每天在睡前，把當天丟進生活容器裏面的垃圾傾倒出來，可以用打坐冥想的方式，或是運用呼吸的方法，在吐氣的時候，想像全身所有細胞負面的情緒、能量全部透過鼻尖用力的吐出去；吸氣時，則想像宇宙正面的能量盈滿全身，或是一道溫暖的光芒籠罩住自己，從頭頂、身體、往四肢延伸，反覆做幾次，在第二天早晨醒來時，生命又是新的另一個篇章，等待去探索。不好的意念、想法如果不定期清理，將會從意識層進入到潛意識層，時日一長，醬缸的內容物越來越多，越來越酸腐，負面能量不斷累積，便會開始影響身體與心靈的健康，造成身心靈的不和諧與失衡。

小孩子一般都比成年人容易快樂，一方面他們的心思單純，沒有生活的包袱、煩惱，不會用過去的種種記憶、情感來對當前的情境做評斷、貼標籤。他們活在此時、此刻，所有的情緒、想法、感受都是新鮮的，是現榨的，不會有過期的「剩菜」「剩飯」堆積在生活醬缸中，污染自己與別人的心情。**我們要向孩童學習，用一雙純真未經污染的雙眼去觀察世界，想像心中住著一個小孩，試試看用孩子的眼光去看待每一件事，用那種歡喜的、期待的、好奇的態度過生活，當對生命抱持高期待的心，才能湧現有滋有味的喜悅之情。**南宋理學大師朱熹的一首詩：「半畝方塘一鑑開，天光雲影共徘徊，問渠那得清如許，為有源頭活水來。」—只有保持源頭源源不絕的活水，才能讓一方塘渠維持清澈光亮，所以生活的一缸水要**保持新鮮清淨，就要不斷的讓具有朝氣的力量加入進來，清除掉淤塞腐朽的堆積物，心才得以恢復原來的單純清淨。**

當你覺得身體與心理實在堆積了太多陳腐的情緒、思想、挫折、惱怒、不安⋯⋯，如同一灘死水，那代表了你的身心應該要好好徹底的大掃除一番，一趟嚮往許久的異地旅行、與知心好友的一場聚談、定期運動的習慣、參加禪修或瑜伽課程、養成正向思考模式⋯⋯，這些都是我們生命當中的活力維他命，可以幫助我們擺脫掉醬缸的生活，使每天的日子充滿歡喜與朝氣。「今日煩惱，今日畢」，別讓昨天的悔恨煩惱與明日的擔憂害怕，佔據今日的你。你，活在當下，不在過去，也不在未來，與時間流一同不斷的義無反顧往前飛奔，無需耗費心力在過往已經發生的事件，未知的明日則有明天的你來面對，**唯有活在當下每時每刻，才能避免來自不必要情緒困擾的污染，才能隨時以清澈明朗的心自在過生活。**

03

以健康的心看待不健康的身

身體生不生病，我們無法選擇，正面心念的力量卻是可以培養的。
只要有健康的心理，就能面對種種病苦。

每一個人都會生病，尤其現代人工作壓力大，一直生活在擔憂、分別、執著、恐懼等種種負面情緒中，使得健康受到生理與心理雙重傷害。許多人患了身心病，就是因為心理不健康而引起身體的疾病，然後又因為病痛，導致情緒低落與痛苦，惡性循環之下，就病得更嚴重了。

既然沒有辦法不生病，如何看待病痛變得非常重要。有些人生性樂觀，生病的時候，不會把病苦看得很重，以積極豁達的態度面對，甚至有堅強的戰鬥意志，不會輕易為病魔打敗。在台灣有一位陳衛華醫師，在二十年間連續罹患了骨癌、腎臟癌及甲狀腺癌三種癌症，普通人只要患了其中一種癌症，大概就已經很難接受，對身體與心理想必都是相當大的打擊；可是陳醫師卻以無比堅強的意志、樂觀面對病痛的折磨，最後不僅戰勝了疾病，而且把自己親身抗癌經歷記錄下來，寫成了一本書，教導大家如何養成健康生活習慣及養生的秘訣，以遠離病苦的威脅。

對於像陳醫師這樣的人來講，病痛似乎只是生命的一個插曲，終究能藉靠自身的力量走過陰霾，甚至獲得比以前更豐美的人生。就像一棵大樹，因為根扎得夠深，即便狂風驟雨來襲，也能安然度過。所以，重要的不是疾病本身，而是如何看待它的態度，這種泰然處之的態度，是平常即要建立起來的心念，而不是等生了大病以後，才臨時抱佛腳想要置之度外，那是很難的。所以在平日還沒生病以前，或是小病小痛時，就要開始鍛鍊自己「身、心分離」的功夫，學著去接受身體的病痛，當心裏不去抗拒它時，對痛的體驗會有所改變。

法鼓山禪堂堂主果醒法師有次來到洛杉磯，在一場向大眾的開示「如何不生病：病得很健康還是真的不生病？」中提到，所有身心現象都是因緣法，是不會不變的，病苦只是其中一種，不要執著於五蘊現象，而起種種分別，以為有病或無病，才能從苦痛中獲得解脫。他認為，如果沒有「生病」或「不生病」的概念，就不會執著於不生病的狀態，在身體出現問題時，也會比較坦然的接受。

很多人得病之後，怨天尤人，意志消沉，一直不肯接受自己有病的事實，最後往往折磨他最多的不是疾病本身，而是自己的負面心緒。**只要有健康的心理，就能面對種種病苦。身體生不生病，我們無法選擇，但正面心念的力量卻是可以建立培養的。**佛陀在開悟之後，廣大世界對他來說無一非淨土，他的心就同明鏡一般，如實映照出各種現象，但現象是現象，鏡子是鏡子，那顆本來的心絲毫不受影響。

當病痛來襲的時候，要用健康豁達的態度，如聖嚴師父說的：「面對它、接受它、處理它、放下它」，道理是很簡單，但對大部分人來講，可能相當困難，要如何做到，就要從現在開始做修行。將佛法的智慧運用到日常生活中，**學習用積極健康的心態過日子，把生命的樹根緊緊的往泥土深處扎下，培養自己面對危機的抗壓能力，當真正的挑戰來臨時，不會措手不及甚至一蹶不振。**一位朋友半年前發現罹患了癌症，她毫不避諱談論自己的病情，選擇勇敢面對，並且主動要求親朋好友為其加油打氣，家人朋友的陪伴鼓勵與其自身堅強的意志，在療程告一段落時，情況已經獲得很好的控制。我很欣賞她能以坦然的態度與我們談論自己罹病的過程與治療的種種細節，並且還不忘與大家分享生病後所搜集的各種健康養生祕訣。她是一個很好的典範，身為凡夫俗子沒有人能夠免除病苦，當生病時，如何以健康的「心」看待不健康的「身體」，不要陷入自怨自艾自憐的情境，是能否走過病魔考驗的一大關鍵。如《維摩詰經》所言：「今我此病苦，皆從前世妄想顛倒諸煩惱生，無有實法，誰受病者！……又此病起，皆由著我，是故於我不應生著。既知病本，即除我想及眾生想。」

生病的時候，要知道這是顛倒妄想與因緣果報，學習面對它、接受它、處理它、放下它，**在體會生命的脆弱無常後，會更珍惜生活中每一時每一刻，也更能以感恩的心對待周遭所有人與事。**「起唯法起，滅唯法滅」，如果體悟一切都是虛妄，連受病苦的身體都是虛妄，就比較不會執著於健康或是不健康的外相，對於痛苦的感受也會有所不同了。

03

不要為明天憂慮

面對生活中的事故，要勇敢的面對、接受它的發生，然後解決困難。

一旦已經採取行動，做了當下最圓滿的處理，就把它放下吧。

有一次心不在焉的情況下，倒車時沒有注意到旁邊本來是空著的停車格突然駛進來一輛車子，因為開的是位置較高的休旅車，完全沒看到如幽靈一般滑進來的小轎車，想都沒想便將方向盤打彎，結果擦撞到那輛車，我聽到金屬碰撞的嘎嘎聲響，心裏想：完蛋了！怎麼會撞車呢？

我和對方車主同時下車檢查車子受損情形，他的車子側邊從車頭延伸至車尾三分之一處有兩道深深的刮痕，看了觸目驚心。我們當場互換保險公司資料，拍了一些照片，便各自離開了。

回到家後，一股懊惱的情緒徘徊不去，「怎麼會這麼不小心？」「事情應該不會發生的……」「如果注意一些……」心裏的旁白不斷浮現，一直在自責的思緒中跳脫不出來，雖然小車禍已經經過了好幾個小時，我的整個身與心都還停留在那個現場，腦海裏持續播放意外發生時的景像。

這時小兒子明顯看出我的「不正常」，問我：「妳為什麼不開心呢？」我告訴他因為覺得明明可以避免的事情，卻讓它發生了，心中覺得很懊惱。他聽了後以一副很豁達的姿態對我講了一句話：「賠他錢就是了嘛！有什麼好想的！」

這句話「噹」的一聲轟進我的腦門，「賠他錢就是了嘛！」是啊，事情已經發生了，再多的後悔、自責、難受也於事無補，為什麼要讓自己陷在那個不好的情緒裏出不來，反覆琢磨思量，賠掉了所有的時間，浪費於無謂的想法上。我馬上拿起電話打給保險公司向他們說明意外始末，接下來如何處理就是他們的工作了。每年動輒上千的昂貴汽車保費，不就是要防備不時之需，應付諸如此類的狀況嗎？

小孩子的思維單純，遇到事情反而能擺脫情緒煙霧的障蔽，直指問題核心、尋求解決之道。車禍發生後，小男孩雖然也有受到點驚嚇，但很快便從那個負面情感中脫離出來，回歸到生活軌道上，該做什麼事便繼續做什麼。當我還在為事件傷神（應該是恍神）惱悔時，小男生已經完全把這檔事拋諸腦後，專心的沉浸在他的樂高積木遊戲中，全心全意，活在當下那一刻。我的身體雖然與他同處在一個空間，心緒卻環遊到自我架構起來的虛擬情境中，身心徹底分離。回想意外發生時，就是因為心不在焉，沒有注意到外在環境的變化，只沉溺於內心的對話與思索中，才會電光石火中造成擦撞。如果還延續著那樣的恍神狀態，被破壞性的負面情緒所佔據，豈非重蹈覆轍，為下個錯誤埋下導火線，或是萌芽的種子。

生活當中有許許多多讓我們放不下的情況，明明事件已經成為過去式，我們卻還沉浸在當時的情節與對話中，好像錄影帶般不斷於腦海中演練再演練，播放再播放。身體在當下這個時空，心卻跑到過去徘徊流連，不肯離開，如此只會製造更多煩惱與妄想，對事實一點幫助也沒有。

聖嚴法師的名言：「面對它、接受它、處理它、放下它。」**當生活中遇到難以預料的事故，第一個便是勇敢的面對它，接受它的發生，然後以最恰當完善的方式解決困難。一旦已經採取行動，做了當下最圓滿的處理，就把它放下吧。**反思這場意外，一開始雖然面對它也做了些處置（拍照、交換保險資料），但卻一直抗拒接受它的發生，心裏充滿了自疚惱恨的壞情緒，將這部劇情糟糕的爛片不斷於腦海中重覆播放，完全無法放下。後來幸虧小男生的提醒，讓我接受了這是無可改變的事實，採取更進一步的解決之道（與保險公司連繫），然後便將這一切拋諸腦後，放下了它，把身心重新對焦回到當下那一刻。

事後保險公司的妥善處理，讓我一點都不需擔心任何細節問題，證明了先前的擔憂都是毫無意義的庸人自擾之舉。人，真的是很會自尋煩惱的動物，常常會幻想編織許多故事情節來困擾、為難自己。事實上，我們所擔心的事情九九％都不會發生，聖經上說「不要為明天憂慮，明天自有明天的憂慮，一天的難處一天當就夠了。」想那麼多幹嘛，**好好在每一分每一刻的當下過日子吧。**

03

真正的我

當我們夠專注的時候，是最貼近本我的時刻，
沒有妄念、沒有任何煩惱，時間靜止，融入生命大海中。

有一天準備洗米煮飯的時候，我專注的洗米，望著右手熟練的攪撥勺子內的米粒，在水龍頭嘩啦啦傾洩而下的水柱中輕輕搓洗，看著看著突然覺得這隻手好像脫離自己獨立起來了，心中不禁想著：「這隻手怎麼會知道所有洗米的技巧呢？」答案無庸置疑是頂上那顆主宰一切身心功能的腦袋；可是如果大腦下達指令，指揮右手運用先前已經計劃好的知識經驗，將米粒掏洗乾淨，那麼那個在同一時間以一副觀察者姿態、心生疑惑看著右手的又是誰？指揮右手洗米和觀察整個洗米過程的是同一顆腦袋，或是同一顆心？這兩者之間又有什麼分別？

我想我的手並不像脫離身體的蜥蜴尾巴還會蹦跳亂竄，它不是生來就會洗米的，所以顯然是那複雜的神經迴路系統，發揮它優秀的記憶傳導功能，將指令下達給我的手臂、手指、指尖，讓它們依循過往經驗，熟練地進行將米粒清洗乾淨的所有動作。在這同一時間，有一個「我」以第三者的角度看著整個洗米過程，嘖嘖讚嘆那隻訓練有素的手，如此輕鬆完成看似簡單，仔細觀察下包含許多細節的每一項步驟。那個「我」與下達命令的腦袋有什麼關聯，它們都是「我」嗎？而這個「我」又是誰？

這不禁讓我想起從前曾經在打坐的時候忽然感覺到手臂消失了，手臂明明還存在，卻有消失不見的感受，那麼那個感知的心與身體之間的連結與相互作用為何？接下來的幾天，我開始觀察腦袋裏的思緒，當它們像吵鬧的麻雀喋喋不休時，我便會喝斥要它們停止，這樣不停的對話、休止、休止、對話，很有趣，好像身體裏面住著一個糾察隊隨時勒令頑皮的小孩要乖乖聽話；只是，調皮的小孩與糾察隊哪一個才是真正的我？又或者都非我呢？

依據禪宗的說法，當心不緣六塵處於平靜的狀態下，會清楚覺知自身與外在現象的生滅起落，例如在專注於當下的那刻，觀察到了自己的手彷彿脫離身體，進行大腦指揮的動作；或是覺察到妄念紛飛時下指令讓它們暫停。而這些還是有能所的，有一個感知的我、一個被感知的對象，仍然不能達到物我兩忘、本來無一物的境界，真正覺者的悟境是要再更上一層次的。

公案裏有很多關於「覓心」「我是誰？」的例子。

宋朝雪巖祖欽禪師有一天問弟子高峰原妙禪師說：「白天清醒時做得了主嗎？」高峰禪師肯定地回答：「當然做得了主。」「那麼睡夢中做得了主嗎？」他又問。

高峰不假思索地說：「做得了主。」雪巖嘲諷地告訴他：「你熟睡的時候，既然無夢、無想、無見、無聞，主在什麼地方呢？」高峰禪師頓時無言以對，此後日思夜想參究了許多年。有一天睡覺時，正在思索究竟「主在哪裡」時，隔壁僧人的枕頭掉落在地發出聲響，疑團剎時粉碎，豁然開悟。如果已經了悟無我的境界，自然也無需問「主在何處」了。

禪宗透過話頭的提問，讓我們時時反觀，從「自尋煩惱」的種種無明中抽離出來。在一次果醒法師所帶領的「無我禪修營」中，一位學員談到自己是一個念頭很多的人，經常在事件過後會反覆思索、回想，把事情的影像、對話於腦海中一遍又一遍播放，越想越生氣，越想越難過，無法放下。法師解釋這是因為她把記憶中的感受當成是「我」，把對方的言語也當成是「我」。以淺白的文字來講，這些記憶、影像都只是存在於大腦神經元當中，我們卻將它與自我做了連結，誤以為這個心智虛構出來的東西真實無比，因而衍生了許多負面情緒。如果能將「小我」抽離出來，也就是佛法所說的「無我」概念，沒有人我分別心，回歸到「我本如是」的狀態，所有一切都是一體、無法切割的。所謂「無緣大慈，同體大悲」，在小我背後的那個真我，才是眾生皆有的佛性，如普照大地的陽光，沒有分別、取捨的照耀每個角落、萬物、塵埃……，而這個，應該就是那個躲在瑣碎吵鬧意識背後的清明本體、活在當下的本來面目。

日常生活當中，我們需要大腦學習來的知識、技巧、記憶，幫助我們在充滿意象、符號、標籤的世界中過日子，洗米燒飯、工作上班、找路開車，做各種判斷、分析、決定，但不需把工具與自我連結，跟隨外在現象牽引轉動，好比藍天中雲朵（念頭、境界）來來去去，變幻無窮，但天空本身恆常在那，不生起也不幻滅。心不著境，現象是現象，自性則如如不動。當然，這樣的體悟知易行難，所以要**時常鍛鍊在潮水般思緒中尋找空隙，哪怕只是幾秒鐘，扮演一個高警覺性的觀察者，時時注意自己的起心動念，當意識到妄想紛雜，可以及時踩煞車，止息念頭，生起觀照之心。**

一位琵琶音樂家告訴我，每次當她以全副心神投入樂曲彈奏時，會進入到與音樂合而為一的境界，萬物靜寂，只餘手指尖流洩而出的美妙樂音，甚至到達忘我的層次：「這是誰彈奏的琵琶樂聲，怎麼如此悅耳動聽呀？」**當我們夠專注的時候，是最貼近本我的時刻，此時，沒有妄念、沒有過去、沒有未來，沒有任何煩惱，時間靜止，我們融入生命的大海中，與所有宇宙萬物和諧共鳴，這便是禪的境界了。**

當內心出現對話，不管是聆聽音樂、開車、欣賞花草、處理繁雜工作、甚至與人起爭執時，如果你覺察到了，記得提起正念，問問自己：那個起妄念的是誰？此刻正在思考、生氣、擔憂的是誰？在所有情緒背後的覺察者又是誰？哪一個才是真正的「我」？又或者根本沒有一個「我」？或許你會對每天的日子開始有一點點不同的體驗。

03

珍惜相遇的緣分

每一個出現的人都不是偶然，每個離去的身影也都是必然，無論緣分深淺、善緣惡緣，沒有這些人，生命不會走到目前的高度。

每天送了孩子上學後，便是我的獨處散步時光。

通常我會沿著住家附近的街道快步行走，打開我的感官：鼻子呼吸著早晨清新冷冽的空氣，耳朵聆聽鳥兒此起彼落啁啁啾鳴聲，眼睛欣賞著家家戶戶所栽種爭奇鬥艷的繽紛花草，還有那藍天中彷彿正在跳躍飛舞的炫目雲彩。腳下一步步踏實往前行走，稍微暖身之後，開始慢跑活動。這時，會在心裡默念大悲咒，一邊誦念一邊將心底的祝福送給每戶經過的人家，差不多念完三、四遍可以跑完整個block（區段）。縱使心中有再多煩瑣的事情，這段晨間時光總能讓我暫時放空，帶來滿滿的正面能量，迎接一天的開始。

有些面孔便是在這樣的日日行走中熟悉起來。有個淺棕色頭髮蓄著些微鬍疵的老先生，模樣像極了《當下的力量》（The Power of Now）作者艾克哈・托力（Eckhart Tolle），他的臉上總是掛著溫暖的微笑，每次不期而遇總會感染到他那份發自內心盈滿的歡喜。有一天，轉進一個馬路人行道發現他就在前面不遠處，他的步履堅實而緩慢，沒多久我便趕上了他。大概是聽到後面窸窸窣窣的腳步聲，老先生回過頭露出和藹溫煦的笑容對我說"You walked too fast!"（你走太快了！）我不好意思的回他"Excuse me!"（對不起啊！）希望沒驚嚇到他。托力先生（我對他的暱稱）將身體側向一邊讓出空間示意我先行，向他道謝之後我超越了他繼續往前行走。大約半分鐘後，開始有點後悔剛剛為什麼不暫停下腳步，和托力先生聊一聊呢？說不定他就像真的艾克哈・托力般充滿了智慧之語。這時，我回過頭想要尋找他，人行道上卻已不見蹤影，不禁有些許悵惘失去與他交談的機會。

還有一位散發著吉普賽女郎氣質的中年女士，每次遇見她身上總是穿著一件紅色的外套、粉紅色褲子，一頂漁夫帽，腰間還掛著水瓶，這樣的打扮在行人不多的街道上非常醒目，想要不注意她都難。很奇妙的是每次我們走的方向都恰好相反，我往南、她便往北，我往東、她便往西，兩個人交錯而過時，總是相互露出「又是妳啊！」的開心面容，互道早安。她身上飄散著濃濃吉普賽女郎風韻總會引起我無限的想像，由她的口音可以判斷出是來自遙遠的東歐，說不定某個座落在偏僻鄉村的保加利亞吉普賽村就是她的故鄉？又或許，她還會使用水晶球卜卦命運、預測未來？

另外有三五個「路友」（我以walk friends統稱這些在走路時有緣遇見，既陌生又熟悉的人）總是遠遠望見，他（她）們手臂上都戴著一個口袋，一開始還不曉得是做什麼用途，後來才知道原來是慢跑時用來放手機的匣子。有些人跑得氣喘吁吁，非常努力認真鍛鍊身體；有些人好整以暇，跑跑停停。我們雖然不認識彼此，但共同在這個大自然母親的懷抱中享受六根接觸六塵所有的美好，於是彷彿產生了一種神祕的聯繫。

人生路途上不也是如此，在起點與終點之間，某些路徑中，有人加入我們一起前行，有些人離開；當以為再也不會相遇的朋友卻於生命拐彎處再度現身，而那些似乎有著深厚因緣的卻又意料之外，早早從我們生活版圖消失無蹤。**我們與不同的人來來往往、分分合合、不時錯身而過，又不時驚喜重逢，這些都是因緣和合的結果，**緣來則聚，緣盡則散，然而這樣的體會卻是說得瀟灑行來不易，即便是那些散步路友們有陣子沒遇見都會懸念，更何況曾經在你生命中佔有舉足輕重位置的人？

我要感恩這些陌生人總是為我的清晨散步之旅增添許多樂趣，更要謝謝人生道路上與我相遇的每個人，不管當時的景況是開心還是懊惱、是愉快的還是傷感的，是他們豐富我人生的廣度與深度，帶給我歡樂喜悅或是給予我痛苦磨練。**每一個出現的人都不是偶然，每個離去的身影也都是必然，無論緣分深淺、善緣惡緣，沒有這些人，生命不會走到目前的高度。**珍惜每個相遇的緣分，不管是擦肩而過的陌生人，還是身邊親密的家人朋友，心懷感恩，縱使有一天，物換星移，人事已非，也不會有遺憾。

03

做別人生命中的小天使

「我們雖然無法為生命多添一點日子，卻能賦予日子多一點生命。」

美味大廚不只是一名廚師，同時也是許多人生命中的小天使。

如果我們心中常常想到別人，少想到自己，放下我執，勇於做他人生命中的小天使，會減少許多欲望與煩惱，這個世界也會充滿光明的溫暖。

德國廚師烏普雷希・史密特就是這樣一個特別的人。

他是一位曾在米其林餐廳工作的大廚，在前程似錦的時候，毅然決然投入安寧病房服務的領域，擔任起為一群瀕臨生命終點的臨終病人烹煮美食的角色。當他見到原本絕望痛苦的病人，在他親手料理的美食撫慰下，胃口大開，重新燃起鬥志；或是因著自己慧心巧手所烹調的食物，給這群充滿灰色基調日子的病患帶來些許繽紛色彩的愉悅，便深深覺得自己的選擇是正確的，並且感恩與他們的相遇，雖然短暫，卻讓他更加體會生命的尊嚴與韌度，更懂得珍惜所擁有的一切。

他的故事後來寫成了《讓日子多一點生命：安寧病房的美味大廚》一書。史密特在年少時候便展現了烹飪上的才華，並立志當一名廚師，他認為這份職業能結合他嚮往周遊各國的夢想，在世界任何一個角落都能夠找到工作。後來，他遵循著自己的理想，接受廚師的訓練多年，力爭上游在米其林高檔餐廳及星級飯店擔任廚師，前途無限光明。在這許多光環的背後，史密特心中卻隱隱然有份失落感，這份無法從工作中獲得成就感的失落，讓他重新思考未來的走向。有好長一段時間他自己也無法解釋為什麼擁有同行所稱羨的一切條件、正逐步邁向年少夢想頂端的他，卻並不快樂，這其中一定缺少了些什麼。

他重回校園，汲取心靈養分，通過甲級廚師鑑定。然而即使頂著大廚師的頭銜，史密特仍舊毫無靈感，不知道未來將何去何從。直到有一天，他領悟到，**天上不會有禮物掉下來，人生的挑戰要靠自己去尋找，唯有改變才能為生命帶來活力**。於是，他向老闆提出辭呈，放棄了主廚的工作，儘管他還搞不清楚自己究竟要幹什麼，只是憑著強烈的渴望，要創造一個精彩、不一樣的人生。

就這樣茫茫然過了一陣子。有一天，史密特與朋友在酒吧聊天，朋友向他透露：聖保利有一家臨終照護中心即將開幕，而且要招募一名廚師！他眼睛發亮：「臨終照護中心？」雖然他從未聽過這個名詞，但等朋友詳細介紹所有相關資訊後，心裏強烈覺得：「這就是我想要的！這就是我一直在尋找的！」

史密特心中蘊藏許久的人道關懷特質終於將他引領到社會服務的領域，沒多久，他便來到了這座漢堡市第一家臨終照護中心——「燈塔」，擔負起為其中的居民料理煮烹美食的任務。「能得到這份工作，對我來說，等於中了樂透六星大獎！」史密特很開心終於能將他的興趣與性格中喜歡與人接觸的部分結合起來，同時，透過廚師這個職業，不僅能為他人帶來口腹之欲的滿足，也能為這些生命所剩不多的「特殊顧客」創造心理上的幸福感，即使只有短短幾個禮拜，甚至幾天，都能讓他獲得從前擔任米其林餐廳或星級飯店廚師從未有過的成就感。

每一天早晨，當他踏進「燈塔」大門，一股使命感油然而生。入口玄關處掛著所有工作人員的相片，當然，也包括他的。照片上方則有一行文字標示著這家臨終照護中心的宗旨：

「我們雖然無法為生命多添一點日子，卻能賦予日子多一點生命。」這句話激勵著史密特，他每天都絞盡腦汁，努力變化菜色花樣，想辦法滿足這群生命即將走到終點的病人，只要能為他們帶來一絲一毫心裏的慰藉，或是讓他們重拾記憶中某部份溫馨快樂的回憶，史密特便覺得自己所有的努力辛勞都是值得的。

在他的一部紀錄影片當中，一開始斗大幾個字：「用一生的美味，陪你到最後」，便深深觸動著觀影者的心。史密特留著短短的棕色捲髮，黑色格子襯衫、牛仔褲，一條藍色的圍裙，不慌不亂忙碌於鍋碗瓢盆的世界中，整個人充滿一股陽光溫柔的氣息。面對記者的訪問，史密特說：「飲食在臨終照護中心有不一樣的價值。」他的客人不會在商業午餐時段談論股票交易，也不會在浪漫晚餐時刻計劃多年後的未來—究竟要到加勒比海的棕櫚樹下舉行婚禮，還是乘坐熱氣球飛往易北河上空，向全世界宣告愛情？「燈塔」的客人面臨生命最後、最重要的考驗，每一餐都可能是人生在世的最後一頓飯。想到此，史密特更加覺得任重道遠，他的任務便是以美食來寵愛這裏的人們，每一天對他來說都是全新的挑戰。

除了設計每週的菜單，每天上午他都會輕敲病患的房門，親自向他們介紹當日餐點，並接受特別點餐服務，只要「燈塔」居民想得到的美食，史密特都會想辦法滿足他們。也許是童年時期最愛吃的菜餚，或是與女朋友第一次約會所點的餐食，也可能是與家人共享天倫的美味食物，這些連結了記憶中美好時光的佳餚，透過史密特烹調方法的反覆溝通與專業知識的實踐，烹煮出一道又一道讓人感動又滋味鮮美的料理。

一位病患特別要求史密特做一道李子優格甜點。這道甜點平凡無奇，就是用一點優格和醃過的李子，再加一點糖和少量李子燒酒製作而成，樸實無華，沒有任何多餘的材料或裝飾。然而這道點心卻是病人第一次邀請當時還是女朋友的妻子到家中來，為她親自準備的一道甜點，意義非凡，等於是見證了他們浪漫的愛情與堅貞的婚姻，品嚐的時候，彷彿又重溫了當年倆人相互傾心、互許終身的恩愛甜蜜。

這位富含愛心的大廚，設計的菜單兼具美味與營養，他的紅酒燉雞，灑上新鮮香草提味，搭配迷迭香馬鈴薯和生菜沙拉，末了來份檸檬芭菲凍糕和焦糖香蕉做為完美的結束，這份套餐已成為此地的經典菜色。另外諸如焗烤蔬菜佐香草醬汁，附上青脆沙拉，及飯後的冰淇淋佐草莓大黃醬，通通都是主廚的拿手菜，不僅色香味俱全，還淋上了做菜的人濃濃的愛做為調配。

由於每天所面對的都是生命所剩無多的重症患者及生離死別的場景，史密特坦承自己也會有心情低落的時刻。雖然他自嘲是個無可救藥的樂觀主義者，然而每當看到玄關代表有人往生的蠟燭燃起，仍然會覺得萬分沮喪。「有時，我捫心自問：這種工作，真的可以做上一輩子嗎？」大廚花了很長時間才慢慢領悟到，**任何的相聚終將一別，每一次燭光燃起，都是對自己的提醒——生命終有盡頭，要好好把握珍惜生活當中的每時每刻、每個遭遇。**

不上班的時候，史密特喜歡套上慢跑鞋，將腦袋淨空，藉由規律、緩慢的步伐，幫助他紓解緊張和壓力，釋放工作所帶來的憂鬱與悲傷情緒。此外，到一個遙遠的地方旅行，拋卻日常生活中種種煩憂，將自己投擲到全然新奇陌生的環境，結交新朋友，將心中長期累積的抑鬱，通通一掃而空。假期結束，又能以開朗的心情與積極正面的態度回到工作崗位上。

史密特的故事深深吸引了德國WDR電視台的資深新聞記者朵特・席珀，他出生於德國，在漢堡完成學業之後，便展開了新聞記者生涯，以拍攝紀錄片和深入新聞報導而享譽業界。二〇〇九年他和同事將史密特在照護中心工作的歷程點滴拍攝成了《安寧病房的美味大廚》紀錄片，獲得了德國漢堡記者協會所頒發的「埃里希・克拉邦德」獎，這座獎項是德國歷史上最悠久、最重要的記者獎項之一，本書便是根據這部紀錄片所改編撰寫成的作品，已經出版十多種語言版本。

史密特最令人感動之處是，在三十出頭正當前途程燦爛光明的時候，毅然放棄所有一切，到一個薪資、待遇、福利甚至聲名都遠不如原有職業的地方，展開一場用美食與愛心餵養、關懷臨終病人的溫馨人生旅程。他描述到，在社交場合與人寒暄時，常有人問他：「你是做什麼工作的？」「我是廚師。」他回答。「噢！很有趣，在哪家餐廳高就？」「在『燈塔』，一座臨終照護中心。」對話到此，通常對方的反應是：「哦……這樣啊……」然後，便端著酒杯消失在人群中。還有人會驚訝的問他：「為瀕死的人做飯？值得嗎？」往往讓史密特答不出話來氣氛瞬間凍結。

在安寧病房做大廚，除了專業技能外，還得要有超強的耐心與同理心，這裏的顧客身心都處於極端創傷壓力中，很多時候，大廚會成為情緒不穩、無理取鬧下的受害者。有時，史密特也會覺得十分委屈，費盡心思準備的食物慘遭毫不留情面的批評；或是，各種奇奇怪怪的要求，包括拒絕他所提供的佳餚，而要求大廚到速食店為他購買漢堡、薯條，這不啻是對大廚最嚴重的侮辱。但是，史密特做到了，當他將一份漢堡薯條套餐遞給那位房客時，這位患了愛滋病症的年輕人感動的向他說：「謝謝你！在我的生命中，很少有人願意為我這麼做。」就是這樣真誠的表白，讓大廚收起原有的怨氣與傲氣，雖然騎著腳踏車跑了好遠的路程累得氣喘吁吁，但對那位絕症患者來說卻意義非凡，這樣便足夠了。

還有，為了讓一位因化療失去嗅覺與味覺的女病人能重拾品嚐食物的愉悅，他絞盡腦汁，最後想出了以顏色來喚起記憶中的味道，讓她「食之有味」。每一天他都烹調五顏六色的濃湯，如果湯裏面因為胡蘿蔔呈現橘黃色，她便能夠嚐出胡蘿蔔的味道；如果是紅色的甜菜湯，便能嚐出紅甜菜的滋味；或是綠色的湯，而那種綠色又只屬於青花菜所有，那麼她就能感覺到青花菜在嘴裏的鮮美。

這位照護中心的美味大廚時時刻刻謹記著：「**雖然無法為這些病患的生命多添一點日子，卻能夠賦予他們的日子多一些生命！**」這種慈悲心懷使他能夠在遭遇種種挫折、失落後還能堅持繼續走下去，成為「燈塔」自開張到現在十多年來堅守崗位永遠的大廚。

當空氣裏飄散著濃郁的香氣，不管是焗烤的焦香，蛋糕甜點的芳香，或是各種食物的味道，都會帶來雀躍的心情；尤其對瀕臨生命終點的病人，藉由這些美食的滋味勾勒起往日記憶中美好的點滴，感受到一份被愛的關懷，即便只是片刻的歡愉，都能使他們暫時忘卻身體病痛的折磨與痛苦。史密特便是扮演如此重要的角色，他在廚房的小天地揮灑十八般武藝，端出一盤又一盤色香味俱全的美食，為照護中心的居民創造了幸福的滋味。他在此尋得了做為一名廚師的終極意義，並為自己開創了生命中不同凡響的另一頁扉章。

美味大廚不只是一名廚師，同時也是許多人生命中的小天使，是世界各個角落裏眾多無名英雄中，一個令人感動的身影。

03

不要為難自己

當你不抵抗、不為難，學習臣服與接受，
心不著境也不離境，才能得到心內平和，狂風暴雨轉為風停雨息的寧靜。

聖嚴師父說：「我們的心，容易受環境影響而波動；我們自己常常跟自己過不去，自己找自己的麻煩。」

這句話真是一點也沒錯。

明明知道事情已經無法挽回，依舊悔恨懊惱；講了三百遍要放下，仍然執迷牽掛；說好了不生氣，想到還是波濤洶湧激動惱怒；對別人的錯誤、困境使不上力，卻把問題像蝸牛殼扛在自己身上抛也抛不掉……。為什麼？為什麼我們不能看開、放下、解脫煩惱，為什麼要為難自己，常常跟自己過不去呢？

日本僧侶小池龍之介曾提出一個理論，他認為我們每個人心靈深處都有一種「自我為難」的潛藏本性，這種「為難自己」的行為，讓自我與事件（不管是發生在別人或自身上）處於相同頻率，是一種生物本能，是警醒的訊號，從負面環境中掙脫而出以延續生命是自然生存法則。然而，「自我為難」的神經迴路原始設計功能是要避開危險，卻演變成無法控制、影響平和寧靜狀態的障礙。

你有沒有過這樣的時刻：當家人失去健康或遭遇難關，似乎自己也成為快樂的絕緣體。當然，親愛的家人朋友生病你絕對不可能開心，但你不需要二十四小時完全處於擔憂、煩惱的狀態。你還是可以保有讓生活過得自在、舒服的機會。因為就算為難自己千萬遍，眼前的困境也不會減損一分一毫。

有一年母親身體出了狀況，那時我們已經安排了一個旅行計畫，是早先安排好的，不能臨時取消。整個假期我沒辦法好好放鬆，不斷地為難自己：「母親在生病，我怎麼能置身事外呢？」度假的心情牽絆著內疚，既無法陪伴在媽媽身邊，也不能盡情享受與孩子相處的親子快樂時光。

當時母親情況穩定，就算我們離開短暫數天也不會有絲毫影響，我的罪惡感全出於「和自己過不去」的思維，「親人受苦自己也沒有權利享樂」恐怕是很多人都會有的念頭。但其實，你的自苦，於所面對的情境一點幫助也沒有。你仍然會難過、會傷心，但是當有機會放鬆、尋求情緒出口的時候，或是當你覺得應該百分之百沉浸於憂傷當中而卻只有一半難受程度時，遂衍生自我懷疑、自我貶低的罪咎感時，應當跳脫出來，將自我為難的感知與事件劃清界線，境界是境界，你是你，情緒也非你，就好比看到一艘船可能有沉船的危機，你該採取的行動是如何避免沉船的悲劇發生，而不是跳上船，跟著一起沉沒。

不好的念頭出現時，要當機立斷止息，這樣的功夫並不容易，可以從觀察念頭的生住異滅開始，它的來來去去，像吹泡泡一樣生起又消滅，慢慢的透過練習，最終才能達到斷念、即起即滅、不生不滅的境地。

禪宗有個泥牛入海的公案，洞山良价禪師問潭州龍山和尚是如何開悟的，悟境如何。龍山和尚比喻說：「我見到兩頭泥牛相鬥，到海中就不見了，直到今天還沒有消息。」未開悟前，內在的想法、外界的衝突就像兩頭相鬥的牛，充滿了矛盾與不和諧；了悟之後，內外平和，念念分明，自在灑脫，像泥牛入大海，一切無事。**和外境起對立或是和自己過不去時，參究一下泥牛入海的深意，本來無一物，何處惹塵埃，所有事物從空裡來往空裡去，又何必庸人自擾、自尋煩惱。**

兩千多年前佛陀在菩提樹下靜思冥想，發現佛法的真諦，是用來解脫世間的痛苦，四聖諦裡的苦集滅道講述了苦痛的根源及如何滅苦的方法，眾生想要離苦得樂，要從痛苦中解脫出來，必須修習如何不被環境所牽引，心不跟隨外境而轉，不要跟自己過不去，自己找自己的麻煩。

這世間已經有很多苦難，能夠決定讓痛苦的感覺減輕或加重的只有我們的心，學著不要為難自己是很重要的練習，如果你此時正遭遇一些人生的試練，請暫時放下煩憂，讓你的心回歸平靜，回到它本來無所做為的面目，停止對自己發出任何問號與懷疑，「為什麼會發生……」「是不是不該如何……」「如果當初……，就不會……」「我做得不夠好嗎……」「老天爺在懲罰我……」「上天真不公平……」讓一切呈現它所應該展現的面貌，臣服（surrender）於所發生的，不要做對抗，不要發想任何不必要的念頭自苦。只要相信你絕對不會是第一個面對這樣的考驗，也不會是最後一個，這會幫助你更容易去接受並且走出低潮。

唐朝時期日本高僧空海大師，帶領一群比丘到大唐求法，船隊在中途遇到暴風雨，當時所有僧侶都躲入船艙內，只有他不畏風雨走上甲板，對着空中大聲說：「不要制止風，願將此身化為風。不要制止雨，願將此身化為雨。」話語一畢，風雨即刻停歇。

我們沒辦法制止風雨的來臨，只能泥牛入海將自身化為風雨大地的一分，拋開自我與無常的對立，與所有環繞周遭的萬物合而為一。**當你不抵抗、不為難，學習臣服與接受，心不著境也不離境，才能得到心內的平和，狂風暴雨轉為風停雨息的寧靜。**這就是「心安就有平安」吧，心安定了，就沒有什麼會再困擾你了。

另一種祝福

順境固然值得歡喜，逆境不順遂時也無需垂頭喪氣，
也許只是上天要你繞個遠路，以便讓生命走向更寬闊的另一種祝福。

03

我常常在開車的時候覺察到自己很容易受到外境影響，如果前頭車子龜行或是旁邊線道車子突然換線插入，都會讓我起心動念。有次，正趕著去一個地方，非尖峰時刻的交通流量卻比平日擁擠許多，在我前面的車子又非常「不合作」地頻頻踩煞車，走走停停，跟在它後頭真是對我耐心的一大考驗，可是因為不多久我便要右轉到另外一條道路，所以也沒有換線超車。

終於到達前方的十字路口，右轉以後大約行駛五十公尺，便見到左前方商場有輛車子要左轉到我這個方向的線道，就在它轉出後，「碰」的一聲巨響，一輛對面車道的車子迎面撞上，強烈撞擊之下，那輛車子在我面前十公尺左右三百六十度迴旋轉撞到停在路邊的另外一輛車子，玻璃碎渣掉落滿地，在電光石火一瞬間，我本能地將煞車板用力踩到底，輪胎與地面磨擦發出「吱——」刺耳聲響，所有車上東西全部掃落在地。愣了幾秒鐘之後，才從驚嚇中恢復，我理解到當時要是快個幾秒鐘駛達出事地點，被連環撞上的便會是我，而不會是那輛停在路邊的車輛，不禁開始感恩之前那位慢條斯理的駕駛，要不是他的「阻撓」，我很可能便「趕上」這場車禍，成為受害者之一了。

生活中有時候一些看似挫折、阻礙的事件，其實很有可能只是上天轉了個方式的另類祝福。當面對川流車陣及慢條斯理駕駛使我幾乎無法趕上重要約會而心生嗔意不耐時，哪裡會想到這是在為我擋去一個幾分鐘後即將發生的血光之災？一位朋友在一次求職失敗後，心情非常沮喪，但過沒多久發現離家不遠處有個兒童英語才藝班正在徵求教師，語言能力超優的她順利應徵到這份職缺，單純的工作環境、隨和好相處的同事，還有能夠就近照顧生病母親的種種便利，讓她「慶幸」前一份求職的失敗。所以，一時的不順遂、失意，或是遭遇大小煩心牽掛的事，或許背後有一個更遠大的因由，可能是一個學習的經驗歷程，一個讓我們走向更成熟圓滿的祝福，只是發生當下凡夫的心智無法看透理解。

前台中市長夫人邵曉鈴女士數年前發生一場車禍，在這個意外中她失去了一隻手，多年之後，談起自己這幾年的心路歷程，她說車禍讓她學習感恩的正面力量，雖然失去一隻手，但破相反而使她打開心胸，接納一切，從此不再執著完美，「有也好，沒有也可以」，甚至體悟出「人生一定要有缺憾才是美好」的道理。這場突如其來的車禍成了生命中的「偽裝式祝福」（disguised blessing），雖然表面上看起來她失去一隻手臂，喪失完美的外表，但反而從外相的執著中解脫出來，懂得感恩生活中所有美善的力量。原本是負面的遭遇，轉個念，帶來了積極正向的啟發與迥然不同的人生體悟。

我們在受苦、接受考驗的時候，難免抱怨上天的不公，為什麼好運道都是別人擁有，倒楣、走衰運的永遠是自己？要從自怨自艾的情境中脫離，首先不要羨慕別人，每個人因果報應不同，好壞無法比較，更何況你所眼見的都是他人表相的風光，怎麼知道在人生道路上他曾走過怎樣的路途，或是正在面對哪一種挑戰與難題？**與其羨慕他人，不如數算自己所擁有的一切，好好感恩。**以深遠寬廣的眼界看待目前的境遇，很有可能，每一個阻礙、考驗你的經驗都是為未來鋪陳一個更完滿，甚至超越你的智識所能解讀想像的結局，可能要在難關過後許久，事過境遷之後，才恍然大悟：原來，許多煩惱、痛苦都是一種逆增上緣，只在等待最恰當的時機開花結果，讓你的人生學習歷程更臻成熟與圓滿。

印度靈性教導有句話：「無論你遇到什麼事情，那都是唯一會發生的事。」不管是好事還是壞事，在我們人生中所經驗的每一種情境，都是人事時地物因緣和合的結果，從長遠生命之流來看都是最完美的安排，嘗試以平和的心態接受它，並且相信短暫的困難滯礙背後其實是有更光明遠大的境界等待著你。工作不順利、情感受挫、小孩沒有考上理想大學、一場讓你偏離生活軌道的疾病、金錢的壓力等，**不論是什麼種境界的考驗，只要心存「它是唯一會發生的事」的信念，並且堅信它是最終至高的祝福，就比較不會衍生怨懟、不甘、痛苦的負面情緒。**

當然，在當下確實很艱難，因為我們欠缺慈悲去包容體諒所有的不完滿，一切違背我們所想所願的人與事；也缺乏智慧去看透理解，並進而歡喜接受以困境呈現的試煉與難關。我們只能嘗試一步一步學習，當不順遂的事情發生時，不跟隨起舞，淡化煩惱心，以正向的態度面對。每經歷一次考驗，慈悲心與智慧便會增長一分，最後終能成就大福報。

當令人困擾的境界現前時，我會把自我拉到無限廣闊的高度，在宇宙的某個高點，往下俯視，會領悟到我們所寄居的地球是多麼渺小，更何況在如此微小土地上所發生的種種微不足道的東西。《莊子——則陽篇》有個蝸牛角上戰爭的小故事：蝸牛的一對觸角住著兩個國家，左邊叫觸氏，右邊叫蠻氏，兩國之間經常為了爭奪土地興戰，往往從左觸角打到右觸角，再從右觸角打回左觸角，經年累月樂此不疲。讀了這篇故事可能會覺得很荒謬，蝸牛觸角上這麼微渺的地方有什麼好爭吵的？還要打得血流成河、橫屍遍野？但是，如果把視野拉廣，把時間拉長，空間拉遠，很多念茲在茲、怎麼都看不破、千般計較、萬般怨尤的問題，不也像是另一種「蝸牛角上的爭戰」嗎？

經歷過幾次以困難為表相，事後證明其實是一個讓你能向上提升的契機之後，現在的我會轉換思惟，不再執著事件完美的進行呈現。道家說：「禍兮福之所倚，福兮禍之所伏。」福與禍往往是一線之隔，所以，**順境固然值得歡喜、感恩；遇到逆境不順遂時，也無需垂頭喪氣，那也許只是上天要你繞個遠路，以便爬得更高、生命走向更寬闊的另一種祝福。**

03

糊里糊塗過日子

人生也要偶爾糊塗一下，不用算得太清楚，看得太仔細。
不多心，不抱怨，不隨著外境起舞，安心過好每一天的日子。

在法鼓山洛杉磯道場做義工時和一位師姐聊天，她提到不久前參加一個校友會聯誼活動，到風景優美的北加州紅杉木國家公園旅遊。這次的旅行最讓她驚奇的，除了偉岸壯麗的巨碩杉木群之外，團隊中有一位九十三歲高齡的老太太不僅耳聰目明，而且行走於崎嶇山道中毫不顯疲態，讓每個人讚嘆不已，紛紛詢問她養生之道，結果這位老婆婆只說了一句話：「沒有啦，我都是糊里糊塗在過日子……」

眾人聽到這個平淡的答案，莫不覺得困惑：「糊里糊塗過日子就能長命百歲？」這太神奇了吧！但是仔細想想，這句話看似簡單，其實蘊含很多深意，是高難度的生活哲學，一點也不容易呀！

要你糊里糊塗過日子，你辦得到嗎？我們一般人心念百轉千迴，聽到他人的一句話、眼前的一個現象，便滋生許多想法，看不慣這個、抱怨那個，境界一現前，便是煩惱的開始。

聖嚴法師曾說，**我們要用直心來過生活，直心就是對所有人事物都不加以評斷，沒有完美，也沒有缺陋，心像一面鏡子般如實映照出所有東西的真實風貌**。

很多妄想痛苦都是從後續的念頭而來，當我們眼睛看到一個人、耳朵聽到一件事，本來只是很單純的看到了、聽到了，但是勤奮的大腦，習慣以過往經驗及所搜集累積來的知識解析外在訊息，此刻會開始盡責地投入工作，同樣一個事件因為個人價值觀、性格、成長及教育背景、習性等不同，出現了五花八門各個相異的解讀。曾經讀過一篇文章，作者提到有一次坐計程車，一路上遇到七、八個紅綠燈，每個綠燈，眼看要過了，便轉成紅燈，被擋了下來。他不禁嘟噥：「真倒楣！老遇上紅燈，總是最後一輛差一步。」這時候計程車司機回頭對他笑了一笑說：「不倒楣，變綠燈，咱們都是第一個走！」

轉個念，世界大不同。這位司機先生的智慧與正向幽默的心態，真是令人讚賞。一個積極樂觀的人，傾向於以正面態度解讀感官所接收到的訊息；相反的，負面心念的人，會將外界資訊往消極悲觀的方向思考。往往快樂不快樂、幸福不幸福便取決於這第二念或第三念、第四念。

有一次受邀為一個徵文比賽擔任評審，主辦單位是一家私人企業，看稿的那一天是假日，負責聯繫的小姐因為沒有會議室的鑰匙，所以我們被迫要擠在接待處兩個沙發椅及茶几上閱讀稿件，她頻頻向我們道歉，我安慰她：「沒有關係，在哪兒看稿都行。」不料那位小姐一走開，旁邊一位評審開始抱怨：「這真是太不尊重人了，連個像樣的地方看稿都沒有，要我們窩在這裏，又小又擠，怎麼工作呢？太欺負人了……」這位評審將「沒有舒適的空間審稿」和「不尊重人」連結在一塊，整個上午都瀰漫在一片負面情緒當中，悶悶不樂，想必也沒辦法好好欣賞閱讀眼前的稿件。「沒有舒適空間看稿」是已發生的狀況，「不尊重人」便是好事的腦袋自己解析得出來的結論，這後續的念頭左右了我們對事件的看法和接受度。

同樣做一件事，因為心態的不同，過程與結果大相逕庭。

當我覺察到腦袋瓜似乎蠢蠢欲動，又要發揮它驚人的想像力與編織故事把戲時，便及時踩煞車，提醒自己止息任何念頭，尤其是負面的想法，不要陷在感官與外界糾纏所衍生的種種無明情緒中，暫時糊塗一下，這對於從小被著重左腦認知解析教育系統訓練出優良技巧的我來說，可真不是一件簡單容易的事。很多人都是「聰明反被聰明誤」，太精於算計，太努力過日子，反倒過得越不開心。

我想起那位糊里糊塗過日子的老太太，**凡事睜一隻眼閉一隻眼，不多心，不抱怨，不隨著外境起舞，安心過好每一天的日子**，這樣的生活態度當然活得自在快樂，近百之齡還擁有健康的身體與令人稱羨的活力。

清朝著名書畫家鄭板橋的名句：「聰明難，糊塗難，由聰明而轉入糊塗更難，放一着，退一步，當下心安，非圖後來福報也。」

講得真好，聰明難，糊塗更難。有時候，人生也要偶爾糊塗一下，不用算得太清楚，看得太仔細。每個人走的道路都不同，在生活這場大戲碼扮演的角色也不一樣。凡事盡本分，不強求，沒有一定非得如何，也沒有一定不能怎樣的事。別人對我們好，不是理所當然，要感恩；對我們不好，也非萬惡不赦，誰知道複雜難懂的因果程式是如何運作的呢。

天公疼憨人，因為傻人不計較，隨遇而安，世俗眼光下雖然是憨人，其實卻是最有福報的人。傻人有傻福，糊里糊塗也能過出聰明人難以琢磨理解、望塵莫及的好日子。

Chapter 04

心的主人

很多人以為激情、開心是快樂；但當你激情、開心時，你的內心是不平靜的，真正的快樂乃肇基於祥和與寧靜

——一行禪師(當代著名禪修行者，1926～)

你願意低頭嗎？

低頭，才能到達目標。
誰擁有柔軟身姿，順應情勢做出調整，才是最後勝利者。

04

住家附近北邊有座小山，樹木濃蔭茂密，步道沿著山的坡度蜿蜒而上，沿途花草植物綠意盎然，是遠離城市喧囂進入大自然寧靜懷抱的絕佳去處。每次氣喘吁吁從山巔上走下總有股身心舒暢的快意，彷彿全身塵垢盡皆脫落，沐浴在飽滿的歡欣喜悅中。

這條步道爬了幾次之後，我發現，在路途中有幾次往上行走的坡段，恰好有樹木的枝幹從旁邊峭壁上橫直伸出，它的高度正好是在一般人的頭胸之處，要繼續往前行必得彎腰低頭才能順利通過，否則一定會撞得眼冒金星。所以，為了登高，一路上，就得行走、低頭，低頭、行走，然後在路的盡頭便可看見那道從天而洩的銀白色瀑布矗立著，挺直胸膛往前衝是到不了美麗的山巔。

這個「低頭，才能到達目標」的體會很有意思，我們常常理直氣壯，不肯輕易低頭，也不願意委曲求全，殊不知**很多人生的高度就是要在無數的低頭、放下身段之後才能抵達**。誰擁有柔軟的身姿，順應情勢變化做出調整，誰才是最後的勝利者。

不想低頭、不肯放下、執著虛有就是我們生命中最大的障礙，有時候，拋開自尊、自我的偏執，退後一步、轉換個方向，說不定前頭的路會更寬廣。清朝著名書畫家鄭板橋有句話：「聰明難，糊塗難，由聰明而轉入糊塗更難。放一著，退一步，當下心安，非圖後來福報也。」每個人都搶著做聰明人，沒人想當糊塗者，但是啊，**最有福報的往往都不是那些精明能幹的聰明人，而是凡事不計較、安心過日子的傻人**。不都說「傻人有傻福」嗎？真的是這樣，太過斤斤計較、凡事據理力爭，不願意吃一點虧的聰明人，到頭來總會發現：機關算盡總敵不過天意；隨順因緣，順應變化，不執著計較，具備柔軟心態，隨時能低頭、放下的傻子，才是最幸福的人。

自己從前個性固執、凡事據理力爭，不肯輕易退讓，只要道理站在自己這邊，便非得爭個是非對錯、高下立辨，然而卻因此造成他人的傷害而不自知。學佛之後，漸漸明白，世事並不像數學題目套入公式般輕易可解，也不一定是照著人情義理的規矩運行，**執著於是非公道、對與錯之間，只是陷入與外界及他人對立的情境裏，平白製造了許多痛苦與煩惱。**《道德經》上說：「天下之至柔，馳騁天下之至堅……，夫唯不爭，天下莫能與之爭。」只有柔軟才能化解所有的差異、爭執對立，創造和諧圓滿的人生境界。

曾經有人問蘇格拉底：「你是天下最有學問的人，那麼天與地之間的高度是多少？」蘇格拉底毫不猶豫的說：「三呎！」那人聽了很不以為然：「我們每個人都有五呎高，天與地之間若只有三呎，那不是人人都能戳破穹蒼？」蘇格拉底不疾不徐的回道：「所以說啊，凡是高度超過三呎的人，要長立天地之間，便要懂得低頭啊！」

退一步，海闊天空；低下頭，才能登向高處。大自然與所有未知的一切，無時無刻不在示現它高深的智慧。很喜歡一首偈語：「手把青秧插滿田，低頭便見水中天，心地清淨方為道，退步原來是向前。」

你願意也偶爾低下頭，看看那映照在水中澄澈的藍天嗎？

04

帶著微笑出門

每天出門的時候，帶著一顆開放的心，對每一個接觸的人笑一笑，
當你這麼做的時候，心情自然也會跟著上揚。

在美國居住多年，發現老外通常比較容易快樂，每天在身邊都可以見到許多洋溢溫暖笑容的臉孔。他們天性樂觀知足，而且充滿自信心，不論從事什麼行業，諸如超市收銀員、垃圾車駕駛、工廠黑手、餐廳廚師、端盤子侍者……，不會因職業的高低貴賤而覺得低人一等，或是因為居住的房子沒有別人的豪華、賺的錢沒有別人多，便減損他們享受人生快樂過生活的程度。

在一個陽光燦爛的早晨，家裡門鈴「叮咚」響起，是UPS（聯合包裹服務）送東西來了。我一打開門，眼前穿著咖啡色筆挺制服的帥哥，戴著一個大墨鏡，身材高壯挺拔，頗有玉樹臨風之姿，帥氣指數幾乎破表，甚至有幾分電影《悍衛戰警》裏基努里維的味道。

他一見到我便馬上問候：「這真是個美麗的一天呢！」語氣滿是歡愉，讓人都感染了那份陽光的氣息，臨走時還祝福我一整天都有好心情。

我心裏想，在美國連UPS送貨哥都長得這麼帥，而且氣質風度具優，他的自信應該是發自內心對於本身工作的喜愛與尊重吧。假設他不喜歡目前的職業也覺得當個送貨員沒有前途，或是自怨自艾工作比不過別人的高尚，那麼形諸於外的，絕對不會是出現在我眼前這副超酷的模樣，可能是眉頭深鎖、表情冷淡，即便臉蛋再如何酷帥，也顯現不出迷人的風采。

在我們周遭，如果你用心的話，其實每天都可以碰到一些好玩的事、一些有趣善良的人。有一次在街上準備過馬路，突然一輛車開過來，我下意識停下腳步，一抬頭發現車上那位女駕駛正對我揚起燦爛的笑容，揮揮手示意讓我先行。看到她笑得那麼自然開懷，不自覺也感染了她的好心情。或是有時候，上超市採買東西，在甬道上被其他購物車擋住，通常推車的人發現後會以十二萬分抱歉的語氣跟你說：「Oh! I am so sorry! 我真的很抱歉！」

在一次旅行中，我們到一家速食店用餐，小兒子發現飲料機器是他從來沒見過的觸鍵式機型，螢幕上面有很多按鈕，非常fancy（奇特），在哥哥選了飲料之後，他還站在那兒繼續探索那台機器，完全沒注意到後面已經排了好幾個人在等候，哥哥大吼了一聲要他讓開，隊伍中的一位太太笑著說：「沒關係，讓他玩嘛！」語氣滿滿都是寬容，絲毫沒有任何不耐煩。

我時常要向這些陌生人學習，學習他們的耐心、包容、開朗、尊重他人的態度……，每天出門的時候，帶著一顆開放的心，對每一個你所接觸的人笑一笑，當你這麼做的時候，心情自然也會跟著上揚。記得看過一則實驗報導，研究者將兩組人分開，分別觀看相同的卡通影片，只是一組人被要求用牙齒咬住鉛筆（類似微笑表情），另一組人則用嘴巴抿住鉛筆（微笑肌肉無法動彈），結果發現，咬住鉛筆的那組人普遍覺得影片比較好笑，雖然兩組人所看的影片內容一模一樣。這證明了，**微笑（即使是裝出來的表情）能瞬間改變心境，讓你的心情好起來，帶來愉悅的能量，看待周圍人事物的角度也正面起來。**

這世界上有兩種人，一種是太陽型的人，一種是月亮型的人。太陽型的人就如同太陽般散發溫暖的光芒，只要在他身旁的人，都可以感受到滿滿的光明與快樂；月亮型的人，就跟月亮一樣，本身是冷冰冰的，要借靠太陽的光亮才能得到溫暖。我們要勉勵自己做個太陽型的人，能散發光與熱，給周遭的朋友親人帶來正向的影響。如果每個人都是一個小太陽，一串光亮，我們的世界便會充滿了光明、希望與歡樂。

或許東方人比較含蓄保守，不太輕易在陌生人面前展露笑容，但其實這一點都不難，當你開展心胸，你的能量自然能與對方交流，形成一股和善的網絡，釋出善意的同時，對方馬上便能接收到，也會給你正面的回應。多做幾次，臉上的笑容會越來越自然，就像反射動作，讓身旁的人都感染那份歡快的氣息。

即使沒有什麼事情值得開心，請帶著微笑出門，用心去尋找今天會有什麼新奇的事物，會遇見什麼樣好玩的人，會有什麼讓人驚喜的東西。每個人背後都有一成串故事，當你開放胸懷微笑面對，會發現身邊善良快樂的人遠比你所想像的還要多上許多。

04 幸福禪修

只要具備信心，努力不懈將禪的精神、方法運用在日常生活中，煩惱、妄想會日漸減少，心靈會越來越自在快樂。

尚未接觸禪修之前，對禪坐的了解有許多不切實際的妄想，以為走進禪修的大門便能登堂入室、窺得其間奧妙，遍地的珍寶俯拾即得，好像打幾次坐，便可以脫胎換骨，進入身心和諧之境。上了禪訓班的課程之後，才慢慢開始理解禪的修行是不間斷、有恆心毅力、自我挑戰鞭策的實踐，是存在於日常生活中，需要借靠每天的用功練習、訓練自己將散漫紊亂的心漸漸收攝起來，以專注的精神、集中的意念，讓身體與心靈由浮動、煩躁、不安，慢慢轉化為清明、寧靜而平穩的狀態，然後達到聖嚴師父所說的身心健康、智慧提升與美好人格展現的境界。

坐禪是發掘潛在智能和體能的最佳方法，美國《國家地理》（National Geographic）雜誌曾為文介紹西藏喇嘛在禪坐狀態中，腦部左前額葉比正常人要活躍許多的研究報告，而左前額葉較為發達的人通常都具備正向愉悅的情緒。這說明了，禪修或冥想真的會改變人的生理及心理狀態。這一系列的研究掀起了美國人對於禪修的狂熱，想一窺這傳習了數千年之久東方古文明的奧祕之處。

第一次正式開始禪修練習，是二〇〇七年參加法鼓山洛杉磯道場的禪訓班，指導老師毛靖師兄像一位和藹的長者，從最基礎的坐禪姿勢、方法教授，如何調身、調息、調心，吸引了許多不分年齡、性別、種族的男女老少，首度接觸了這幾千年來引領無數人進入身心靈純淨、和諧境界的禪坐法門。中國禪宗的修行方法，是頓超直入、不假次第的，不像印度的瑜伽及大小乘佛教，極為注重修行方法的次第或步驟，且越修越繁複，很不容易入門。

四個週末下午，禪修班學員學習到了基礎禪坐方式、八式動禪、身體按摩、調合身心及禪在生活上的運用等。每個人學習的目的、動機都不同，有的是因身體虛弱、疾病纏身，想要藉由禪坐鍛鍊身心、重拾健康，有的是因工作忙碌，想尋找一個能放緩腳步、舒緩壓力的方法，有的則是純粹對禪修的好奇欲一窺堂奧。不管動機為何，大家都對禪修有了基本的認識，也開始感受到每日練習打坐、放鬆身心的確為生活注入了一道遠離妄念、純淨無欲的泉源，算是一腳跨入了安定身心、奧妙無窮的禪修門檻。

任何人只要有心即可以遵照簡單易行的規則、竅門，領略到禪坐的益處。它能夠摒除繁雜的思緒妄念、放鬆全身肌肉、心念集中、氣息和順、提高工作效率，並啟發身體自行療癒功能，恢復健康。

禪訓班結束後，陸陸續續涉獵了一些關於練習禪法的活動，其中由聖嚴師父的西方法子吉伯・古帝亞茲（Gilbert Gutierrez）所帶領教授的禪修課程挺有意思的。吉伯是一位執業律師，本來是虔誠的羅馬天主教徒，自從接觸了師父所談的佛教義理之後，恍若在人生的迷途中發現光明的方向，從此一心一意追隨師父精進修行，並四處演講、授課，將禪的精神、理念引介給西方信眾。他話語幽默、充滿機鋒，介紹了許多關於《金剛經》、禪宗大師的智慧之言、公案故事的啟發……，也以本身的經驗、啟悟，教大家如何讓自己的心保持純淨、清澈，不輕易受外界的污染與干擾。他說，mind（心）好像是一個螢幕，反射了所有外在的東西，而self（自我）的情緒就像是在螢幕上添加了刮痕，製造了干擾，讓影像變得模糊、不清楚，難以見著事物的本來面目。

這就好比禪宗祖師說的，「菩提本無樹，明鏡亦非台，本來無一物，何處惹塵埃。」**世間所有煩惱都是自身的意念所引起，往往問題的本身並不具備那麼大的殺傷力，而是自我解讀織就了一張巨網，將自己困於其中，無法脫身。**所以《金剛經》說：「應無所住而生其心」，不要執著於外在境界，要detach（分離）於問題之外，才能有足夠清明的心解決問題、脫離困境。

坐禪的功能便是能讓散亂毫無章法的心歸於平靜、和諧，減少雜亂無益的妄念，使頭腦經常保持在輕鬆、愉悅的狀態，當面對問題時，才能夠以持平、具理性智慧的方法，冷靜有效的處理、解決。聖嚴師父說，**坐禪可以堅強意志、改變氣質，坐禪者將是一個熱愛眾生的人，他的性格開朗如春天的陽光，內心平靜清澈如秋天的明潭。**

這幾年雖然不是一個很用功的禪坐學生，但學習了不少各家各派對禪修的介紹與指導，努力要求自己將禪的意念與精神融入到生活當中，一點一滴練習。**禪的大門，是為每一個人開啟，只要具備信心，努力不懈將禪的精神、方法持續運用在日常生活中，煩惱、妄想會日漸減少，心靈會越來越自在快樂。**佛陀說：「一切眾生無不具備佛的智慧和功德。」禪修便是讓我們拂拭積澱的塵垢，散發原有樸拙的光華，找回放失的心，重新歸於單純、澄澈、寧靜，以智慧消融煩惱，以慈悲利益眾生。希望大家都能在禪的修行路上，一路精進，以悠閒自然的心努力用功，獲得嶄新光明的活潑新生命。

你也有神通

在面對讓自己不舒服甚至憤怒的情境下，轉換用積極正面的心態處理事情，將會導致完全不同的結局，這就是一種神通。

04

佛教講神通有六種，能用耳朵聽到無遠弗屆聲音叫「天耳通」；能夠知道他人心內活動叫「他心通」；能知過去世種種叫「宿命通」；能知未來世及現世遠處、細微處為「天眼通」；能飛行自在，瞬息千里，叫做「神足通」；最後為「漏盡通」，即去我執而證涅槃。

一般人對神通存有憧憬，比如說，能夠知道自己的過去世種種，能夠心想事成，能夠準確預測即將發生的事情……，應該是很奇妙的經驗吧。我一位非常要好的朋友，是虔誠的佛教徒，在參加一場身心靈療癒成長的研習營時，大概是因緣和合的結果，突然開啟了宿命通的能力，自此以後，每次唸誦地藏經時，身心都有特殊的感受，並且開始知道自己過去世發生的種種。但是，她並不執著於此種所謂的神通，仍把心力放在對佛經的鑽研與禪法的修持，並且考進了佛學研究所，將宏揚曼妙佛法做為此生最重要的目標。

其實每個人多多少少都有一些神通，或是第六感。有些人直覺能力特別強，如果有意識的不斷強化這種能力，久而久之，感知會越來越靈敏，越來越準確。記得小時候，自己也有一些現在想起來覺得很不可思議的感應，當時以為每個人都是如此。但進入學校就讀之後，邏輯性與理論分析性的思考訓練教育，讓這方面超越時空的直覺能力逐漸減弱，就好像生了鐵銹的金屬，感應度降低，接收不到來自宇宙磁場的訊息。

在《與神對話》這部書裏提到，「直覺是靈魂的耳朵」，靈魂是敏感的器官，能夠拾撿生命最微渺的震動，可以感受這些能量，並且解讀它們。人有六種感官而非五種，包括嗅覺、味覺、觸覺、視覺、聽覺和知覺（knowing）。這六種感官的說法和佛法提到的六根

「眼、耳、鼻、舌、身、意」有異曲同工之妙。除了五種感官對環境六塵對應所引發反應之外，我們的第六感同時也在潛意識中pick up（收集）了周圍的許多能量，意念本身即是一種能量，這可以解釋為什麼有些通靈者可以讀心，可以知道過去與未來發生的事，因為他們對於這些微細的能量震動具有超強的感知力。

有陣子很流行特異功能的研究，有隔空抓藥、發功為人治病，台大校長李嗣涔教授還做了關於手指識字、心電感應及其他神通力的實驗，寫成了《尋訪諸神的網站》一書造成轟動，他認為，特異能力是可以被鍛鍊出來的，尤其是純真的孩子們，經過短暫訓練之後，很容易的也具備了諸如手指識字等超感應能力。

儘管神通力非常吸引人，但佛法卻不講神通，禪宗還有一個說法，禪師如果顯現神通即必須入滅。因為神通雖屬自然現象，但不能違背自然軌律與因果。如果過分沉迷於神通力反而會脫離正道，走入歧途。所以佛陀時代不許弟子濫用神通，且擅用神通如比丘中的大目犍連，比丘尼中的蓮華色，分別為羅漢、羅漢尼的神通之首，但大目犍連死於鹿仗外道亂棒，蓮花色死於提婆達多的鐵拳，證明了神通亦不敵因果業力，因此歷代祖師使用神通傳法者不多，這些人若果在展現特異能力之後，通常會離開當地或捨報往生他界。

美國法鼓山東初禪寺前住持果醒法師在一次「你也有神通」的演講中，以另外一種角度對神通做了很不一樣的解讀。他說，眾生本來具備各種神通及與佛陀一般的佛性智慧，卻因無明、心不清淨，定的功夫不夠而發揮不出來。這些神通力因為人無法做到，才會將之視為了不起的神通，人死了以後脫離肉體，以意念溝通，具有在世時所沒有的能力，但對靈界眾生而言，反而認為活人能用手移動杯子才是神通力了。所謂神通是我們心的功能，用心產生一個現象（五蘊）的功能，有云「心如工畫師，能畫諸世間，五蘊悉從生，無法而不造」，「喝水與擔柴，神通即妙用」，妙用即指心無限的功能，但人卻往往局限於特定幾種能力，例如挨罵時可以有十幾種反應，我們卻總是固定的一種反應——反罵回去。所以，果醒法師認為，**能夠轉變心態就是神通，能夠把「看他不順眼」轉為「看他很順眼」，由「姑且聽之」轉化為「千載難逢」的心態，由「排斥」轉為「欣賞」……，這種種心的功能轉換，都是一種神通**。

如果，我們能夠在面對讓自己不舒服甚至憤怒的情境下，轉換用不同的、積極正面的心態處理事情，將會導致完全不同的結局，這本身就是了不起的特異能力，也就是一種神通。

所以說，每個人都有神通，不只是傳統的神通力，而是新的詮釋與定義。是的，你也有神通。**下一次，再遇到平常總是讓你抓狂的人與事，試著，展現一下你的神通，用不同的反應、不一樣的角度與態度去溝通、去解釋、去回應、去周旋，相信這種神通力要比所謂的天足、天眼、他心等遙不可及的神通更為實際有用，且能為生活帶來更好的正向轉變。**

04

擺脫質疑與阻礙式思考

你必須像個警察似的時刻警覺，時時抓回漫無頭緒的內心場景。
練習越久，越能及時逮住散放的心，讓身體能量順暢進出，避免滯礙。

如果說，這世界上每樣東西都是能量震動組合而成的，大概有很多人覺得不可置信，人、動物、植物，甚至木頭、家具、石塊、金屬，各式各樣的東西，它的最小分子其實都是不停震動的能量。有些人可能會想：「木塊、石頭也有能量？而且不停的在震動？」

這的確很難令人相信，不過，宇宙萬事萬物都具備相同能量特質，只是因震動頻率相異而呈現不同的形貌。就好比在一間大屋子裡，能量流動到不同房間便產生形狀、大小的差別，但不同房間中的能量本質卻是一樣的。

不僅看得見的物質體是一種能量，看不見的思考、意念也是一種能量。物質能量與心念能量會相互影響、轉換，所以，**當你有很糟糕的一天，心理充滿了負面情緒與不好的感受，這股能量便會進而影響你的身體，表現出來的可能是疲倦、疼痛**。這種從心念產生的負面能量在不知不覺間大大影響我們每天的生活，最常見的兩種不好的思考模式：一種是質疑式思考，另一種是阻礙式思考。

質疑式思考幾乎出現在每一個人身上，譬如說：「他為什麼那樣子說話？」「他難道不知道……」「我真想不出來為什麼他會……」「他憑什麼……」「他的想法真是奇怪……」「他是存心找麻煩嗎？」這些都是我們心內常見的對話。

在一個會議上，當一個人發言問了一個問題，你的焦點不是擺在他所問的問題上，而是：「搞什麼，浪費大家的時間，問這什麼問題？」這是質疑式思考；或是在街上看到一個打扮新潮的女生，心裏浮起：「穿那麼暴露是要勾引誰啊？」的念頭，這是質疑式思考；或是在廚房忙著做菜，想著坐在電腦前的先生：「就知道上網看新聞，也不會來幫忙……」這是質疑式思考；或是加班工作累得像條狗似的，不禁抱怨：「老闆存心要累死我，哼，他以為他什麼東西……」這是質疑式思考。當你對自我產生懷疑，覺得自己不夠好，「那個太困難了，我恐怕做不到……」「我就是個倒楣的傢伙……」「我不值得你這麼做」「我是個徹底的失敗者……」「事情會有轉機嗎？」「我一定辦不到的……」這些都是質疑式思考。

有一次，朋友答應了要一起去參加一個禪修課程，這是早幾個禮拜前便講定的，但當天卻不見她出現，當時我的心裏轉過好幾個念頭：「明明約好了，為什麼不守信用？」「要是不能來，應該要早點講一聲」「害我那麼期待，真掃興！」朋友雖然事後說明缺席的原因，但好幾天心理還是不能釋懷，因為一直圍繞著「不明白、為什麼」，這樣的思考模式就是明顯的質疑式。既然朋友不能來，自有她的考量與道理，雖然這份考量與道理我未必能理解，但事實上：「她沒有出席」，我便應該接受這個已發生的狀況，而不讓心中冒出這諸多問號，影響了整個上課的心情。

以禪宗活在當下的方式，或許發現朋友沒出席，可以這樣想：「喔，她沒來，可能有事吧！」「繼續上課吧！」少去想為什麼？怎麼可以？想不通……，每個人價值觀、思想、觀念與所處景況不同，自然會有相應的做法與行為，不必浪費心思去揣想對方的動機，況且行為已造成，再去探討動機也無濟於事，還不如就事論事，該怎麼辦便怎麼辦，想想下一步該如何進行，還比較實際。**質疑式思考只會阻塞能量的流動，讓我們沒辦法看清楚現實，做出**

錯誤判斷。

除了質疑式思考，另外一種是阻礙式思考，或是滯黏式思考，也具備很大的殺傷力。

所謂阻礙式思考就是不斷想著已經發生的事情或是對話，身體在這裡，心卻活在過去。好比電影散場了，你還流連在劇情場景與情節中，身心徹底分離。

這種「黏著」念頭不放的習慣比質疑式思考更不容易察覺，因為我們太習慣讓念頭、影像佔據腦海不斷反覆播放。比如說，你準備了很久的會議報告終於結束了，離開會議室，整個上午，你的心還在想著會議進行的細節，想著自己有哪裡沒做好，想著誰做了什麼發言，當時應該如何回應，有哪裡可以改進，或是懊惱沒有得到上司的支持等。屬於會議的時空早已轉移，你的心卻仍舊執著在上頭，不肯放下，這是滯黏式思考。

或是你到餐廳用餐，碰到不好的服務，心裏很不爽。走出餐廳，你想著：「那個服務生太爛了，什麼東西嘛！」邊走邊回想那個讓你超級不滿的行為與言語，越想越生氣，把不愉快的場景又在腦中演練了一遍；或是跟另一半吵架，冷戰好幾天，每想一次對方的嘴臉與傷人的話語，心裏又波濤洶湧一次。

滯黏式思考阻礙了能量的流動，它讓我們無法聚焦在當下，當你的心智被叨叨不休的念頭、對話佔據，你感受不到眼前正在發生的事情，見不到出現在你周遭的美好事物，因為你的心不在那兒，而在你自己架構起來的虛擬世界中，自導自演一齣早已過時的肥皂劇。

要改善身心分離的思考模式，需從「覺察」（awareness）開始，**一發現心裏的肥皂劇開始放映，馬上cut（剪）掉，回到當下，回到現在的時空。**我們的心智沉溺於此種「為難自我」的遊戲中而樂此不疲，你必須像個警察似的時刻警覺，時時抓回飄渺無蹤、漫無頭緒的內心場景。

當你練習得越久，越能及時「逮住」那個又想偷偷製造煩惱的散放的心，讓身體能量之流順暢的進出，避免滯礙。

04

管好自己的情緒

運用方法做一個情緒智商高的人，不管是情緒管理、冥想、觀想或禪修，學著掌握自己的生理與心理，做身體的主人，也做心的主人。

「情緒管理」是近幾年來興起的名詞，如何保持內心的平靜祥和，面對外在環境變動及來自人與人之間的衝突誤解，是現代人急需學習的課題。可能有時候一件可以很圓滿的事情，因為牽涉其中的人意氣用事、情緒化的處理，結果導致負面的結局。因此，如果能夠控制自己的憤怒、厭煩、暴躁、挫折、委屈、憎惡、怨恨等種種不好的情緒，往往能夠平順的以智慧的方式解決生活中大部分的難題。而怎麼樣做到情緒的控制、管理其實是有方法的。

從佛教的觀點來看，想從心識流中完全摒除憤怒和其他破壞情緒是辦得到的，曾追隨達賴喇嘛學習佛法的猶太裔佛教修行者圖丹．卻准（Thubten Chodron）擅長以幽默風趣的方式教導實用易懂的佛法，身為佛教的尼師常有人要求她談論如何處理憤怒，於是寫了一本《誰惹你生氣？》（Working with Anger）的書，一點一滴為讀者剖析情緒與憤怒，到底我們為什麼會生氣，生氣的壞處是什麼，又如何可以運用佛法的智慧，化解衝突與對立，以慈悲與愛對待我們周圍的人及所有眾生。

她認為，憤怒是來自於對負面性質的誇大或附和，也源自於無知，無知會投射出一個與其他事物無關的、獨立的「我」，因為相信一個獨立的「我」，所以會用自我中心來看待這個世界，相信與自我有關的都是最重要的。她在書中提出兩種方法來對治怒氣，一種是**運用禪修培養自己的慈悲心與寬容的愛心，當正面情緒成為一種習慣時，就能阻止憤怒情緒的產生**。其次，便是去探究了解實相的本質，特別是那個生氣的「自我」，**如果能理解自我並非**

獨立存在，而是和一切萬有及所有現象互相依存、息息相關，就能體會空性的智慧，減低我執的無明，缺少了自我的造作，怒氣便無從依附。

法鼓山果謙法師曾經到洛杉磯來做了場關於「誰惹你生氣？禪修與情緒管理」的開示，她由醫學、禪學的角度闡述禪修對於身心健康的正面積極作用，透過打坐靜思能有效控制自己的情緒，回歸到內在世界，不輕易為周遭事物打亂影響到內心的平靜。

每個人都有情緒，其與過去的經驗與預期心理有關，情緒智商的發展與安全依附則有很大關聯，安全依附發展越好的人，情緒相對穩定，同時個人在成長期間的經驗學習也對情緒ＥＱ影響很深。

麻州州立大學在一九七〇年成立一所情緒舒緩中心，透過禪修、自我身體掃瞄及瑜伽等三種方式為病患治療，結果發現病患最喜愛禪修的部分，其對於情緒的控制與紓解效果也最宏大。在禪坐中，藉由呼吸，從靜中感受自己的身體，研究顯示，**當對身體的覺知感受力增強的時候，腦部會製造正面能量、產生療癒功能。在吐納中轉化的不僅是生理上的疾病，也包含心理的情緒。**

情緒會在我們專注打坐與呼吸時，安靜下來，此時，身體的耗氧量會降低十七％，呼吸次數減少，內在能量損耗減低，透過觀想與全身掃瞄，身體將會產生穩定、修復的能力。

現代人生活步調快速，生活緊張忙碌，情緒經常處在緊繃狀態，造成許多身心疾病，如何從種種繁亂的事物與情緒中抽離出來，獲得內心的自在與平靜，相信是許多人所追求的。

經各項研究顯示，禪坐對於情緒的管理、身心的機制及各種身體功能都有正向的積極作用。《禪與腦》（Zen and the Brain）作者詹姆士・奧斯汀（Dr. James Austin）提到，經年打坐的訓練，將會使人放掉文字思維、色身架構和精神自我，認知層次剩下的將是感覺的核心與成熟腦的聯結。

禪修訓練專注，將覺受放在當下那一刻，這會讓我們的感知覺受力更為敏銳，靜坐時，腦部的α波及θ波明顯增加，這表示打坐者正處於一種觀想狀態，這有助於腦部的清明思維。

果謙法師認為，現代人慢性病增多，是因氣血循環不佳、運動不足、汙染過甚及情緒起伏過大。禪修能使心緒穩定，減低能量消耗，並且能夠調整脈息。當身體動能增加，氣血循環改善了，毛病自然會減少。

生氣，是一種很難克服的情緒。我記得以前有位同學ＥＱ高超，從來沒見過她生氣，那時很調皮，夥同其他同學惡作劇、故意想惹她惱怒，結果從來沒成功過，她可說是我見過脾氣最好的人。這樣平靜祥和的個性是上天賜予的禮物，一般人遇到境界現前，七情六慾的情緒馬上會被影響牽引。

嘗試以全然不同的思考模式，看待憤怒的生起，進而去化解、平息怒火。**在日常生活當中經常練習愛與慈悲，累積正向的潛能，當它成為慣性思考後，即使在受到挑釁或充滿敵意的情況下，也能從容不迫順利化解。**

無論做什麼事，盡量以歡喜心去做，同時以讚嘆心（或感恩心）去過每一天的日子。有很多東西我們往往視為理所當然，其實，能每天聽到鳥語、聞到花香，能夠還活在這個世界上，與心愛的人在一起，本身就是一個很值得感恩的事情。當內心時常歡喜盈滿時，就比較不會情緒一觸即發，為一些芝麻綠豆大的事動怒了。

情緒的確對我們的生活有很深的影響，一個情緒穩定的人，不僅能從容不迫、條理分明地處理各種問題，同時也能保有健康的身體。要做一個情緒智商高超的人，就要運用方法，不管是現代名詞「情緒管理」、冥想、觀想或是禪修的訓練，都要學著掌握自己的生理與心理，做身體的主人，也做心的主人。藉由這些途徑及佛法的體驗學習，放下自我，與所有宇宙萬物合一，當自我消融，所有對立與造成負面情緒的因緣，也將隨之隱遁。「管好自己的情緒」這樣的問題可能就會提升為「是誰的情緒在波動？」**把自我抽離出來，情緒的困擾也只不過是藍天中偶爾飄過的雲朵，雲朵並非天空的本性，事過境遷之後，照見的又將是原本心性中光亮純淨的本質。**

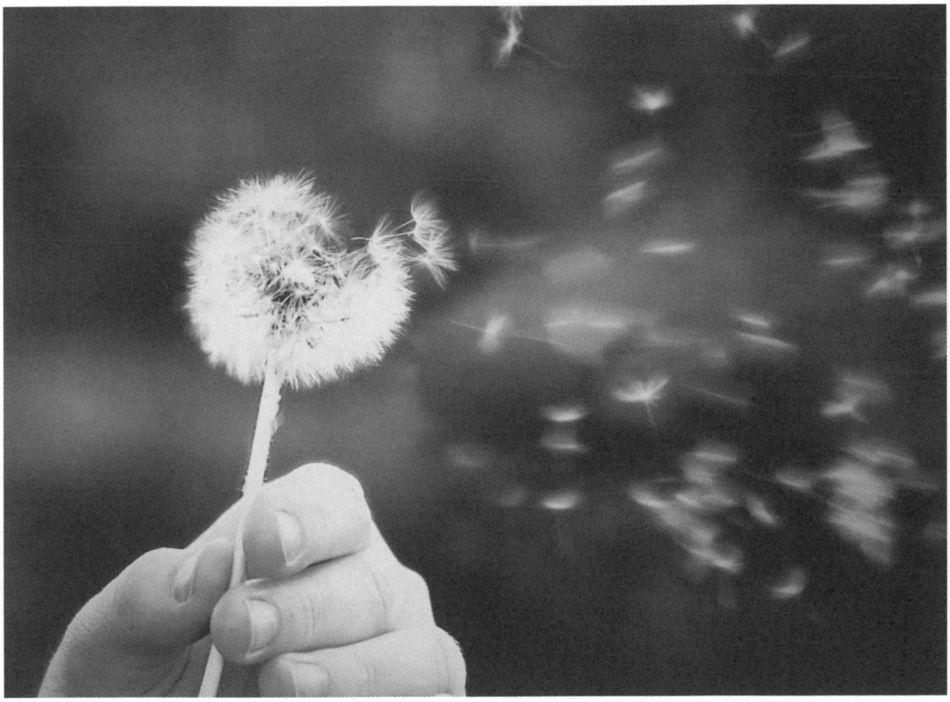

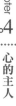

04

便當盒的領悟

失而復得的便當盒，不僅讓孩子學到東西亂丟後果的教訓，也灌輸他面對問題時應該採取的正確態度與處理方法。

我們居住的洛杉磯小城市教育制度與台灣不同，小孩升上六年級會轉去學區初中部，學生不再像小學時固定在一間教室上課，而是如同大學生般到不同科目教室上課。在短短四分鐘內要從一間教室快速移轉到下一堂上課地點，對要適應新環境的小六生而言，其慌亂可想而知。

開學前，我對小兒子耳提面命：「每一堂課下課前要仔細檢查自己物品有無遺漏，否則發現東西遺失，要到哪個教室去找都不知道哩！」他點點頭，非常有自信的說：「我知道啦！」沒想到言猶在耳，開學第二個禮拜就把便當盒搞丟了，而且是在中午飢腸轆轆準備要吃飯時才恍然發現：便當袋呢？這會兒已經上了zero period（第零堂課，是六年級的選修音樂課）以及第一到第四堂課，總共五間教室，到底是在什麼時候掉了的呢？

當天晚上，我見他在床上輾轉反側，問他：「在想什麼呢？」「我在想是什麼時候便當盒不見的呢？」只見他喃喃自語：「我已經問過科學課老師了，不是，好像也不是在表演課教室，最有可能是音樂課、體育課和數學課……」沒多久又聽他碎碎念：「我先去失物招領處找一找好了！」小腦袋轉個不停，好像在上演偵探戲碼，沙盤推演第二天該採取的行動。

這個老媽為了表示關心，建議他：「你就明天一早先去失物招領處找一找，如果沒有再去詢問每一堂課老師！」

想好了應該採取的行動與步驟，應該可以睡覺了吧。過了五分鐘，「最有可能是音樂課吧……」還在想便當盒的問題？我告訴他，既然已經想好了該怎麼做，便好好安心睡覺吧，一直空想也沒有用啊，"You can't take any action now!"（現在你無法採取任何行動啊！）「如果你老在思索還沒發生的事情，只會讓自己更加煩惱，就沒辦法好好睡覺。」「yeah, just like me now……（對啊，就好像我現在這樣……）小男生同意我的看法。

這個時候，腦海裏浮現聖嚴師父的智慧之語**「四它」：面對它、接受它、處理它、放下它。**我試著用中英文向眼前的小男孩解釋：「當你碰到問題的時候，首先要face the problem, then accept the situation, 再來 try to think of a solution, 等想好了該如何解決的辦法，就let it go吧！再多想也沒有用。」

他一聽到「let it go!」眼睛亮了起來：「好啊好啊！Let's forget about the lunch bag thing. 這樣就不用找了啊，可以省很多麻煩！」他的解讀讓我差點昏倒，「不是不要把東西找回來，而是要想如何解決問題，然後才能let go啊！」不知道我這樣的開導他有沒有聽進去，不過，顯然他已經不再胡思亂想，準備讓這個困擾他一整天的便當盒問題let go了！幾分鐘後便沉沉進入夢鄉。

第二天下課，見他兩手空空，無功而返。我告訴他，如果再找不著的話，要自己用零用錢買一個新的便當盒跟袋子，「那要多少錢啊？」「便當袋比較便宜，十幾塊美金就有了，至於那個不銹鋼便當盒是阿嬤特別從台灣帶來的，那得問她，大概要二十幾塊美金吧！」小男孩一聽，總共要三十幾塊美金，心裏想必在淌血，微弱的嘟噥：「幹嘛要從台灣帶，在這裡隨便買一個可以用就好了嘛……」

這個便當盒事件在當天晚上的「Back to School Night」（返校夜，學校一年一度老師與家長溝通一整年教學計畫的活動）有急轉直下的結局，我在音樂教室門廊邊上的櫃子竟然一眼瞧見了小兒子遺失的便當袋，真是踏破鐵鞋無覓處，得來全不費工夫！雖然在高溫悶熱氣候下裏頭食物已經開始散發陣陣怪味，我還是開心的把它緊緊揣在懷中。這個失而復得的便當盒，不僅讓孩子學到東西亂丟後果的教訓，也給我機會開啟與兒子的一段對話，灌輸他面對問題時應該採取的正確態度，最後目的達到便乖乖現身、物歸原主，讓事情有一個皆大歡喜的結局。

上天給我們的啟示與學習的機會，真是無所不在，即便小小如便當盒也能帶給我們充滿智慧的領悟呢！

04
享受每一個當下

盡情活在當下那一分一秒的時間，
在當下的分秒之間以全副心神好好把握，盡情體會與享受吧。

有一次不小心按錯鍵，將手機裡面的照片全部刪除掉，當下腦筋「刷」地一片空白，心想：「完了，所有費心捕捉到的珍貴鏡頭一下化為烏有，真是令人傷心啊！」我上網查詢、請教電腦專家朋友都說沒救了，在我按下觸鍵那一刻，照片就永遠消失於手機殼內雲深不知處的地方。這些照片有旅行、返台時與家人朋友相聚的畫面，留下溫馨美好的回憶，近千張相片前一秒鐘還真真實實存在，卻在粗心錯誤下倏忽間成為過眼雲煙，我的心情只差痛心疾首可以比擬。

接下來那一個禮拜，我的腦袋裡不斷回想究竟有哪些鏡頭被我扼殺掉，每想起一張影像便糾結一次，越想越心痛，越想越懊悔。沒有了這些照片，我的回憶將隨著時間的流逝日漸模糊，還有什麼能為這些美麗寶貴時刻做永恆的見證呢？

就在我的心仍耽溺於刪除照片事件的緬懷懊喪情緒中，一天晚上和小兒子聊天，我隨口問他記不記得小時候跟他們講的故事《兩兄弟和豌豆樹歷險記》？這是我自己依據《傑克與魔豆》（Jack and the Beanstalk）這篇童話故事胡亂改編，加上許多自己憑空杜撰的人物、情節，敘述兩個小兄弟自家院子一夜之間長出了巨碩無比、直通雲霄的豌豆樹，好奇的兩人爬上蜿蜒巨樹展開一段探險歷程，故事曲折，高潮迭起，我講得天花亂墜，兩個小朋友聽得一愣一愣的無限神往，恨不得家裡後院也長出這麼一棵巨大魔豆樹。

沒想到聽我這樣一問，小兒子一臉茫然，「有嗎？有這個故事嗎？我怎麼不記得了？」「什麼？你真的都不記得了嗎？」本來是想開啟他的回憶，讓我們一起重溫那一段陪伴他許多夜晚的床邊故事時光，沒想到竟然得到這樣的回答。當初那麼賣力編撰故事，每個晚上都要發揮想像力，創造出扣人心弦、光怪陸離、驚險刺激又溫馨可愛的劇情，幾乎可媲美J.K.羅琳暢銷系列小說《哈利波特》（Harry Potter）的雛型潛力，結果不到幾年時間船過水無痕，什麼都沒有留下來。我難掩失望之情：「你真的、真的都想不起來了嗎？可是，那時候你明明很喜歡的啊？」眼前的小男孩無辜地搖搖頭。

接下來我語帶感傷地說：「唉，跟你說過的故事你都不記得，小時候帶你去過的許多地方你也說想不起來，好可惜呀！」其實我心裡的旁白是：「那不是白講了、白去了？」結果小男孩講了一句深具哲理的話：「不會啊，至少那個時候我是很enjoy（享受）的呀！」這句話像一盞電燈泡「啪」的在我腦海中閃亮起來！可不是，在聽故事、遊玩的那個當下，他是很樂在其中、開心的聽故事，快樂的玩耍，**盡情活在當下那一分一秒的時間，對他來講，所有與外在環境的互動在事件結束時便畫下句點，永遠都只有「現在」，沒有「過去」與「未來」**。至於那些情景會不會在腦海中留下深刻的記憶，多年之後記不記得、想不想得起來，又有什麼關係呢？

小孩子的這句「至少那個時候我是很enjoy的」，解開了我對照片及記憶留存的執拗，那些記錄了我與家人歡喜相聚珍貴點滴的影像，雖然在疏忽下頃刻間消失無蹤，但是只要在那個時空，真實活在當下，享受每個時刻，每個事件，每個相聚的人，不就足夠了嗎。我把照片中的人物當成對方，投射非理性的依戀情感，所以在失去的時候才會衍生強烈、複雜、失落的負面情緒。

我們在生活中，也常常會犯這個毛病，**心與六塵不斷起交互作用，認物為我，認境為真，妄念不斷，總是在過去與未來之間徘徊，從來都無法盡情欣賞、安住於當下。**不管是心中的影像或是手機理的照片，通通都只是一種色相，並非真實，就好比於黑暗中見到手中揮舞的香連成一束光圈，只見著光圈卻看不見它的本質——一個光點。「睹物思人」，思念的是記憶中的幻相，是加諸許多偏離事實、遙遠的妄想綜合起來的產物，我們卻認為那個真實無比，感官為其所牽引，為之輾轉神傷、為之顛倒歡喜，心繫其上無法自拔。

觀自在菩薩行深般若波羅蜜多，照見五蘊皆空，空性是一切現象的本質，如亙古蒼穹永恆不變，藍天中雲朵（念頭）來來去去，變幻無窮，但天空本身恆常在那，不生起也不幻滅。並沒有一個我、一個他及種種外相，所有一切都是一體的，無法切割，沒有分別。並沒有一張影像能夠完完全全代表相片中所捕捉的每一個人物、每一份場景，每一個相聚時光。觀看照片、錄影像的時候，每人關注的焦點、感受、念頭都不同，各自引發的聯想、腦海記憶時點也有差異，產生種種分別之心，這份自心緣外境有能所的分別心，便是所有痛苦煩惱的來源。

近千張相片，一秒鐘，從有到無，也只不過是現象有為法的一部分，我卻愚痴地執著它的有無變化，讓它左右我的喜怒哀樂。人的感受真是虛妄而脆弱，「有」便歡喜，「無」便傷懷。相片就算不存在、孩子的童年記憶就算模糊，過往來來去去、相聚又離散的緣分就算已消逝，也不能改變那曾經無數個當下、在生命裏所留下的點滴印記，更何況以空性觀點視之，又哪裡有什麼生滅、增減、有無呢？

小兒子用簡簡單單的一句話讓我豁然開朗。故事從來不會白講，地方沒有白去，陪伴的時光永遠不會白費，**珍惜人生中經歷的每一件事情、每一位相遇的人、每一個緣分，在當下的分秒之間以全副心神好好把握、盡情體會享受，往後即使時空轉變、因緣起了變化，也不會有任何惋惜與懊憾。**

善念的網絡

一個笑容、一句好話、一點善意，都是廣結善緣的大佈施，
都能為我們社會編串層層綿密相繫的淨善網脈。

04

人與人之間的善意會相互影響，這股正向能量會如同水中漣漪般傳播出去，形成一個網絡，在未來某個時點以另一種形式回到你自身上。

去年秋天某日，學校剛開學沒多久，下午接了孩子放學後，經過一個「STOP」標誌的路口。美國小街道有很多這種標誌，取代紅綠燈號，遇到「停」的標誌時，每個駕駛一定要踩煞車完全暫停，數三秒鐘之後才能繼續往前行駛，如果沒有按照規定，罰金動則數百美元。因此就算沒有交通號誌，一個簡單的「停」標誌也能維持大大小小十字街頭交通順暢、井然有序。

看到「STOP」，我照例將車子緩慢停下，過了幾秒鐘，正準備踩油門駛過人來人往街頭，沒想到「碰！」一聲，後頭車子撞了上來，心裡頓時浮出一個念頭：「不會吧，車流速度這麼慢，還會出車禍？」我和那位駕駛同時把車子開到路邊停下，下車檢查「傷情」，發現保險桿上有條幾乎看不見的小刮痕，除此之外，並沒有其它損壞。對方是個留著淺棕色短髮的西裔女士，車上坐了個小孩，想必也是來接孩子放學的家長，她似乎有點受到驚嚇，講話語氣結巴顫抖。

我們互換個人及保險資料後，準備開車離去。我從後照鏡看到那位媽媽還愣在座位上，可能仍然餘悸猶存，懊惱為什麼會讓意外發生吧。我想起自己以前也曾因為一時疏忽發生了擦撞的小車禍，很能理解她此刻的心情，於是交代兩個孩子在車上等待，下車走過去安慰她：「沒關係，我只是按照例行公事留下你的資料，如果車子沒什麼問題我不會向保險公司提出理賠報告的，你不要太擔心。」

事件過後，我和一位朋友聊到這場車禍，朋友認為在興訟成風的美國必須保護自己，將意外始末報告給保險公司，以免將來有爭議，反倒成了受害者。朋友的考量不無道理，可是，當時只是將心比心，希望對方不要因為一個無心的小車禍耿耿於懷。況且，好心應該有好報吧，沒有想過要採取任何保護自己之類的行動。大約過了半年，我已經將這場接孩子放學發生的小插曲拋諸腦後。

一天，到洛杉磯道場為長青班做義工，結束離開時，倒車一不注意卡到停在與我成九十度角的一輛車子，「啊，怎麼這麼不小心呀……」我很懊惱自己又闖禍了。下車查看，發現對方車子有一道凹痕，車主是一對來上課的夫妻，我很歉疚的請他們將修理帳單寄給我，表明會全權負責。出乎意料之外，這對老夫妻非但沒有任何責怪之意，反倒安慰我，表示他們的車子已經很老舊了，本來就有許多小刮痕，「不礙事的，你不要放在心上，一點事情都沒有……」原本是「受害者」的他們反過來勸我這位「肇事者」放寬心，讓當下內心忐忑不安的我，減輕了許多自責內疚的負面情緒。

我很感恩這對老菩薩，他們的寬宏慈悲為我上了寶貴的一課。生活中有許多時刻，縱使道理站在我們這邊，**試著以包容的心去看待對方的錯誤，尤其是無心的過錯，少一點計較，**

多一些悲憫，這份善意釋放開來，如同蝴蝶效應般，原本只是一個小動作，漸漸散播出去，善意交互影響，如滾雪球般凝聚越來越多的正向力量。

朋友說，這次事件，一定是我半年前種下的那個善的心念，開花結果，借由老夫妻回到我自身上，我自己成了這次善行的最終得利者。

或許是吧，我們每個念頭、話語、行為都是一種能量，當你創造正面、善的磁場時，會吸引相同頻率能量的人、事、物。一個人散播善念，連綿延續，善的意念相乘，會讓這個世界充滿更多人與之間美好良善的關係。有時候，當你退一步，並不是妥協、吃悶虧，而是在為自己累積善的資糧，在日後成熟之際回饋到自己或家人朋友身上。一位好友告訴我，每次只要她對相識或陌生老人家付出愛與關懷，遠在台灣的母親身旁便會有同樣對她噓寒問暖、關心照顧的人出現，讓她不得不感嘆，**愛的意念千絲萬縷，你在這頭編織善的絲網，它可能在不同的時空下輾轉相續，以你想不到的方式展現。**

繼程法師有一次來洛杉磯講授心經，其中一段開示令人印象深刻，他提到有些大修行人隱居在荒野山郊，大家認為他們對於這個世界沒有什麼影響與貢獻；然而，這些修行人身上所散發出的正向能量，對於整個地球卻有很大正面效應。每個人都是一個磁場，如果心懷光明善念，散發積極純淨力量，便能夠淨化整個社會，所以佛說：最有福報的地方，是有人修行的地方。

生活中也許只是一個小小的舉動：幫鄰居打掃樓梯間、為迷路的人仔細指點方向、對每個遇見的人微笑問好，或是關懷一下巷子裡獨居的老人家、擺攤子賣小吃的阿嬤……，在這些微細不起眼的行為中，培養自己的慈悲心，播撒善良的種子，建立起和諧美善的關係網絡。猶太哲學家斐洛．尤迪厄斯（Philo of Alexandria）有句名言：「請悲憫對待每個遇見的人，因為他們都在與生活做艱苦奮鬥。」一個表面風光的人，也有為人所不知的苦惱與難關。所以，盡量與人為善，凡事不需據理力爭，只要持理平和，得饒人處且饒人，少一點計較、抱怨與不甘心，多一些體諒與包容。**能夠吃得了小虧，就不會吃大虧，受得了小委屈，才能成就大福報。**這種種在當下看似吃虧、委屈的景況都是向上成長提升的助緣，就好比障礙賽，要經過許許多多的考驗、阻礙與瓶頸，才能抵達最後的終點。**難題挫折越大，將來成就的福報會越深厚。**

回想這兩次意外，我很高興自己能對一位素昧平生的陌生人提供一些溫暖，更感恩那對老夫妻的寬厚與慈悲，雖然都是一些小事情，但是無數小波浪聚集起來便是浩瀚汪洋。**哪怕只是一個笑容，一句好話，一點點善意，都是廣結善緣的大佈施，都能為我們社會編串層層綿密相繫的淨善網脈，人間淨土的理念或許可以從這些細微處開始做起吧。**

04

尋找快樂的方法

停下腳步，用心體會每一個時刻。
發現快樂無需追求，它存在於心裏的活水之中。

最近在Netflix頻道上看了一部電影——《尋找快樂的十五種方法》（Hector and the Search for Happiness），改編自法國作家法蘭斯・萊洛德（Francois Lelord）的同名小說。男主角是一位臨床心理醫生，每天都面對不快樂的病人，他的工作職責便是想辦法讓這些為各種原因所困住、不快樂的人回歸到正常快樂的狀態。但有一天他發現，當自己都不知道快樂是什麼的時候，他與病人之間所謂「心理諮商」的對談與「詐欺」又有何兩樣？於是他為自己安排了一段旅行，到上海、西藏、非洲，試圖發掘究竟快樂是什麼？怎樣才能獲得快樂？

這段旅程中，赫克托遇到一位富商、一個歡場女子、一位西藏喇嘛、非洲某國毒梟、飛機上的重症患者，還有大學時期最要好的兩位朋友。每個人對快樂都有不同的詮釋，赫克托雖然是一位心理醫生，但是在規律重複、一成不變的生活中，也逐漸喪失專業信心，不知道如何才能幫助求診的患者，帶領他們脫離焦躁、憤怒、悲傷、沮喪等種種負面情緒，重新拾回平靜與快樂。與其說，男主角想要協助他的病人，不如說，他其實是想要為單調、不斷重複的人生尋求解套，重新思索什麼才是生命最重要的價值，如何才能真實感受純粹的喜樂。

在赫克托的旅行筆記中，洋洋灑灑寫下了十五種關於幸福的心得，包括比較會破壞你的快樂、許多人認為快樂存在於未來、幸福是回應自己所求、恐懼是快樂的絆腳石、聆聽是愛的表現等。每個人都想追逐快樂，在片末赫克托的大學教授講了一句話：“We shouldn't be concerned with the pursuit of happiness, but with the happiness of pursuit.”意思是說**我們不該汲汲營營**

於追尋快樂，而忽略了過程中所能享受的樂趣。重點在於「追尋」，大部分人把快樂或是幸福當成一種目標，透過各種手段、方法想要獲致，但往往一個目標達成，或許享有短暫的滿足之後，快樂的感覺消失，又再度踏上追求快樂的路程，反反覆覆，尋尋覓覓。

人們注重目標的達成，忽視人生旅途上的風光，陪伴在身旁的人與事物，一心想要獲得快樂，反而逐漸失去了感知幸福的那顆心，那本來是最最纖細敏銳的心，在層層物質外欲包裹下卻越來越粗糙無感。

以前在台灣念書的時候，有個廣播節目，每天節目開始之前主持人都會朗讀聽眾所寫的關於「快樂是什麼？」的字語，每個人答案都不同，五花八門，無所不有。當時的我也不禁問自己：「快樂是什麼東西呢？」

小時候，快樂是颱風天躲在家裡頭，在停電時點著蠟燭聽大人說故事；或是拿著自己做的風箏到曠野中奔跑，看著它迎風越飛越高，在藍天下展翅飛翔；或是在午後和玩伴溜到小溪邊，在冰涼的河水中打水仗；或是和哥哥攀爬小山丘，進行一次小探險；快樂是和好朋友在炎炎夏日蟬聲啾鳴中，一起在樹蔭下看天空中白雲湧動，做起白日夢……。小孩子的快樂單純、簡單，在院子水泥地上劃上幾個格子，便可以玩一個下午跳房子的遊戲，或是到巷子口雜貨店買一碗刨冰，吃著一顆顆紅豆、芋圓與滿口煉奶濃香，心裡便有一絲歡喜的滿足。

長大後，快樂越來越不簡單。是一個又一個目標的達成，是金榜題名、一份好工作、一個體貼的伴侶、一部好車、一棟房子、優渥的收入、升遷的機會、優秀的兒女、健康的身體……，名單可以無限延伸。記得聽過一句話：**「小時候，幸福是一件東西，擁有就幸福；長大後，幸福是一個目標，達到就幸福。」**可是，這個目標很可能千變萬化，完成一個目標後永遠有另一個目標接續，追逐快樂的路途像數學小數點後除不盡的數字，無止盡排列。

大學時候曾修過一門「普通心理學」，對於教授介紹的馬斯洛（Abraham Maslow）「人類動機理論」印象深刻。這位心理學大師將人類需求分為五個層次，包含生理需求、安全需求、愛與歸屬的需求、尊嚴的需求及自我實現的需求。在低層次的需求獲得滿足之後，才會繼續為下一個層次的需求奮鬥努力。金字塔的頂端是自我實現的動機，這個是心理層面的滿足，如完成一份任務、一項挑戰的成就感，可能是理想獲得發揮，抱負得以伸展，夢想能夠實現。當時年少的我，對馬斯洛的動機理論照單全收，沒有深一層思索所謂不同層次需求之間的連結，及所帶來滿足程度的差別感受。一個勉強溫飽的人，或許沒有自我實現的機會，但他的快樂不見得遜於立足於金字塔頂端的人。欲望得到滿足當然會快樂，可是也同樣是失望、不快樂的來源。因為，許多人把人生當成一場競賽，攀比的是名聲、財富、成就、子女、另一半……，**需要的不多，想要的很多，認為唯有獲得那些想要的東西才能有幸福的感覺。需求是永無止境的，當欲求越多、快樂便離你越遠，**菜根譚有句話：「醲肥辛甘非真味，真味只是淡；神奇卓異非至人，至人只是常。」**最好的隱藏在最普通、最平淡之中，只有細微的心才能體會。**

長大後的我們懷念小時候無憂無慮的時光，期盼回到童年純真的狀態，重新體驗最簡單的幸福。大人總是有各種擔憂、無奈與層出不窮的煩惱，隨著年歲增長，見識閱歷越廣，欲望的胃口也餵養得越大，我們理所當然接受所有發生在身上的美好，卻只對上天沒有給予的部分抱怨、不滿。**想要活得自在心安，最重要的是一顆滿足於當下的心，時時刻刻感恩自己所擁有，因為你認為理所當然存在的東西，或許哪一天會突然消失不見，不要等到失去時才懊悔不曾好好珍惜。**恬淡知足的人最快樂，即便粗茶淡飯，日子也能過得津津有味，因為心沒有被物質欲望所困住，它無限廣闊，能深刻體驗最純粹、最真實的，屬於生命的喜悅。

很喜歡宋朝理學大師朱熹的這首詩：「半畝方塘一鑑開，天光雲影共徘徊，問渠哪得清如許，為有源頭活水來。」**每天汲汲營營為生活忙碌追逐的心會漸漸枯竭，要為它注入感恩、滿足的活水，生命之流才會清澈、充滿活力。**停下腳步，用心體會每一個時刻。電影中男主角在旅程結束時終於發現他所尋覓的幸福其實早就在身邊，只是以往未曾好好覺察、用心感知。

快樂無需追求，它存在於心裏的活水之中。只要願意，轉個心念，幸福近在咫尺，無所不在。

Chapter 05

當下的美妙

感恩是一切好運、美好事物的倍增器。如果感恩一點點，你的人生就會改變一點點；如果每天大量的感恩，你的人生就會以你現在意想不到的方式改變。

——朗達・拜恩（暢銷書《秘密》《力量》《魔法》作者，1951～）

半分鐘的記憶

05

半分鐘的記憶雖然短暫，只要能將每一份心力擺放在此時此刻，我們的生命將注入無比的能量，從此海闊天空、無限廣大。

曾經在電視上看過一部英國廣播公司製作的紀錄片，主角是曾經頗負盛名的音樂指揮家克萊夫・維恩（Clive Wearing），他在四十七歲那年罹患了一種罕見的疾病，從此他的記憶長度只有半分鐘左右，大腦無法儲存新的記憶，每天或每個時刻對他來說都是嶄新的，就像剛從長久的沉睡中甦醒般珍貴，生命就是存在於那幾分鐘的「當下」，之前或之後的時光與念頭如同消磁的卡帶一片空白。

維恩對於音樂的記憶並沒有消失，所以最快樂的時光便是坐在鋼琴前，讓自己完全沉浸於音符所架構起來的和諧曼妙旋律當中，淋漓暢快的感受時間靜止、物我合一的境界。因著極為短暫的記憶，每一次妻子離開他的視線，哪怕只是去廚房倒杯水，他都會像是久別重逢般給她一個深情的大擁抱，彷彿已經分離許久。他的太太黛博拉多年後寫了一本書《永遠的今日》（Forever Today）記錄這段心路歷程，感動了許多讀者。對這對夫妻而言，每一個「今日」都是單獨的、獨特的，與昨日沒有關聯，與明天也不相連續，生命只能活在今日，活在當下。

維恩的遭遇很令人同情，但他單純的活在僅有的短暫記憶空間裏，從時間的向度中抽離出來，沒有了所有的負面情緒，包括對於過去的懊悔、沮喪、哀傷，及過度關注未來所產生的擔憂、焦慮與煩惱，完全專注於眼前唯一的時刻，這樣的概念不就是禪宗所提的**不緣過去、不緣未來，好好專心於稍縱即逝的珍貴當下，在每個外境現前時，不以過去的經驗、記憶做判斷，也不去揣想未來可能發展的景況，讓事物如實呈現本來面貌，不攀緣、不執著，**

安心接受每一件發生的事、每一個遇見的人，因為每個剎那都是因緣和合所呈現的結果。

我們的感官從接觸外界六塵開始，便不斷地以學習來的認知技巧，各種符號、形象去做主觀的分析、思考，包括對聲音、顏色、形貌……產生種種好惡分別，心裏面有個喋喋不休、不斷自我對話的chatter box（饒舌器），鉅細靡遺、分分秒秒進行價值的判斷，這些緣於過去體驗的評斷，往往充滿個人根深柢固的偏頗想法，離事實真相遙遠。我們常常會說：「你每次都這樣……」「你為什麼老要惹我生氣？」「你總是如何如何……」其實，對方可能只有一、兩次惹你不開心，但是我們抓住那個記憶不放，做為編派不是的最佳藉口。如果是維恩，沒有過去的記憶，無從做任何「先入為主」的評判，每一段經驗都是第一次，充滿了新鮮、期盼與正向的心念，便能擺脫負面認知的影響，以最純淨本然的心面對所有一切。

大部分的人都沒辦法像關水龍頭一樣，將腦袋中不間斷的思緒關掉，滿腦子都是概念、標籤、意象，或許可以說心智越聰明、心思越繁複細膩的人，越難以如實活在當下，因為造作的心不是在過去的經驗裏猶疑徘徊，便是跑到未來編織尚未發生的虛擬情節，沒有辦法停止思考，讓腦袋好好感受眼前當下的每一刻。據說，得道的聖人當心中有喝茶的念頭時，他已經在喝茶了。我們凡夫俗子卻總是心念百轉千迴，有種種計較、需索，無法真正活得自在痛快。

我經常在開車的時候恍神，尤其在熟悉的路段。有一次朋友問我：「你知不知道那條包溫路上新開了一家別致的小咖啡館？」包溫路幾乎是我每天必經之路，但對於有這麼一家新

05

開張店面，一點印象都沒有，可見得每次經過的時候，我的腦海裏一定是開啟了不間斷思緒模式，根本無視於街邊的景象，不管是店家、招牌、街樹、小花、來往人潮……都只是「視而未見」。我的身體在車子裏，車子行駛在馬路上，心卻飛到虛無飄渺處，沉浸於心中如潮水般的念頭中，完全是無心狀態（mindlessness）。

提倡正念（mindfulness）的一行禪師在《橘子禪》書裏有一篇很有意思的文章叫〈駕駛禪〉，為了讓駕駛座的我們更具備覺照能力，他說在每一次遇到紅燈的時候，可以將其視為一種正念的鐘聲，提醒自己回到當下這一刻，回到自己的呼吸，「**如果你知道呼吸與微笑的話，快樂就與你同在，因為快樂總是出現在現在這一刻。**」

我們隨時隨地都可以進行正念的練習，用觀察者的角度凝視來來去去的念頭，清楚覺知自己的意念與相對應的外在環境，回到當下，與藍天、小動物、花朵、來往的人真正相遇，向他們說一聲：「我看見你了！」。

半分鐘的記憶雖然短暫，但你一次只能活一個剎那、一個呼吸之間、一個電光石火的刻度，沒有過去，沒有未來，只有當下。在半分鐘的時間裏安住身心，連綿延續就是無數個真真實實好好活過的時刻。維恩因為疾病的關係失去過去與未來，被迫活在當下，健康的你我如果能應用這樣的概念，將每一份心力全部擺放在此時此刻，如同只擁有短暫記憶的維恩，從時間的牢籠裡完全解放出來，我們的生命將注入無比的能量，從此海闊天空，無限廣大。

05

就是現在！

如果我們的心能夠專注於當下每一個剎那，不搖擺於過去與未來，就能夠減少許多的妄想與煩惱，享受當下生活的美好滋味。

「當下」（Now），是個很難捉摸的概念，因為它的空隙非常非常短暫，就在我打字這瞬間，剛剛的當下已成過去。我們的思緒天馬行空，不是在「懊悔過去」便是在「期待未來」，對於最重要的「現在」「此時此刻」卻往往讓它稍縱即逝。如果我們的心能夠專注於當下每一個剎那，不搖擺於過去與未來之間，便能減少許多妄想與煩惱。

以前讀過一則擠牛奶的故事，很能說明人們不能享受當下生活滋味的情形。有個人準備了牛奶要宴客，因時候未到，擔心若事先將牛奶擠出來積存於木桶中，屆時恐怕會腐壞，於是便想了個主意，將牛奶暫時貯存於牛的肚子裏，待宴會那天再一併擠出來供賓客享用。誰知真的到宴客的時候，牛奶卻一滴也擠不出來，主人及賓客只好望著牛空惋惜了。

過去，就像腐敗的牛奶無法飲用，未來，則虛無飄渺無可掌握，只有現下擠出的奶汁才是最新鮮、最醇美、滋味最濃厚。過早、過晚，錯過了最佳飲用時機，牛奶便失去它的芳香美味。

當下，就是那最芳醇的牛奶，你一旦領略體會到其中萬分之一滋味，就會上癮，希望生活中這樣的間隙越來越多、越來越長。運動員在競賽的時候、藝術家在創作的時候，全神貫注於眼前的動作、創意，那是真真實實活在當下。有次在觀賞「太陽劇團」表演，有位表演者手上拿了六顆小球，她用兩隻手將六顆球分別拋出、接住，再不停的拋出，好像地心引力般，逃不出她的手掌心，無一閃失，那是需要多大的專注能力，稍一分神，球大概要四散飛落。還有那高空繩索、攀岩者，如果沒有聚精會神於當下，可能就會摔個粉身碎骨。

當你專注於繪畫、彈琴、創作、手頭上任何工作，那個時刻，你是活在當下，你的腦袋裏喋喋不休的饒舌器暫時關閉，心裏只有眼前彩筆的動作、音樂的符號、文字的構思、工作的細節……，沒有空間攀想過去、揣摩未來，your mind has "No Other Way", just NOW！把"NOW"拆開來看便是"No Other Way"。**當下，指的就是你的心只處在目前這個時刻，此時此刻，沒有其他的路，沒有其他的方向，就是這裏，這條路，這個方向！**

每天，試著讓你的心專注於現下五分鐘的時間，聽聽看外面鳥叫的啾鳴，汽車奔馳而過的聲音，隔壁電視機播放的節目，眼前桌上的一瓶花，小孩嬉鬧的玩樂，天空的雲彩……，但就只是聽、看，聽聽抑揚頓挫的聲音，看看不同顏色的質地，看看雲朵的變化，而不做任何分別心的判斷，當你起了分別心，便遠離了當下。

我們的邏輯思考模式太習慣於貼標籤、整理、歸納、做判斷，要無所分別觀察周遭事物，並不那麼簡單，心智常常會突然跑出來當家作主，宣稱它的地盤，奪走你對當下的體驗。進入當下需要不間斷的練習，比如說，你和某個人起了爭執，在盛怒的那一刻，將自己抽離出來，把對方話語中情緒的表露、臉上表情的怒氣、言辭中的含意等智性分析拿掉，你會發現，不管是對方或是自己劍拔弩張、臉孔漲紅的樣子實在是滿好笑的一件事。

每天練習一點點，五分鐘、十分鐘、十五分鐘，內心靜謐祥和的時刻慢慢增多，你能用更平和直觀的態度與這個世界相處，隨著生命的潮水流動，順著無常的變化而走，不去抗拒，不去逃避，如道家最偉大的始祖老子所說的：「人生是一連串自然自發的變化，不要抗拒它們，讓事實成為事實本身，讓一切事物按照本來面目自然流動、呈現。」**接受所有，沒有抗拒、不耐、拒絕的情緒，這是活在當下的最高境界。**

05

微調你的心

清淨無染的本心，是每個人本來就具有的，
只要往內尋求便能如布袋和尚般，展開遍十方，入時觀自在。

我們凡夫俗子的心，就像未經開採的石礦，充滿了無明煩惱，必須經過修行的鍛鍊，如提煉金礦般，一點一滴將摻雜於其中的雜質清除乾淨，才能提取出純粹的質地，顯現出原本清淨無染的直心。

跟隨聖嚴法師修習禪法的繼程法師，在他的著作《心的鍛鍊》一書中談到禪坐修行的觀念、入門方法及會遭遇到的種種問題，包括禪修的心態、調身調息調心的步驟、掉舉與昏沉的對治、止觀法門的修學和應用等，不管是對於想了解禪法、體驗禪修利益的初學者，或是已經修行多年卻始終無法進一步突破的人，都能從當中獲得直指人心的啟發。

當六根接觸六塵的時候，會產生喜怒哀樂情緒，攀緣其上。一顆未經鍛鍊的心，像一面凹凸鏡，扭曲、曲解外在訊息，然後依此支離破碎的解讀，做出偏頗錯誤的判斷，因而採取對應的行為與決定，造做種種業，深陷輪迴煩惱的痛苦中。

禪修的作用，在調身的同時，也讓自己的心調整得更為深細，使其更專注、更純粹、更有力量。當進入定的狀態時，原本如凹凸鏡的心將會淬煉成一面光滑無痕的鏡子，如實知、如實見，忠實反照出事物的本來面目，一塵不染，不會再有無明的造作與自尋苦惱。如《菜根譚》所云：「雁渡寒潭，雁去而潭不留影；風過疏竹，風去而竹不留聲。故君子事來而心始現，事去而心隨空。」能到達這種境界，再依觀想修慧的方法，便能身心調合、內外統一，智慧自然顯現，遂從煩惱熾盛的六道輪迴中出離解脫。

在禪坐中，依循的方法依次是數息、隨息，進入止靜狀態後，再做觀想。繼程法師建議，開始起觀時，定力仍不是很深厚，觀的念頭容易被拉走，這時必須再重新數息、隨息、止息，如此反覆，讓止的功夫逐漸加強，觀的力量就會較穩定而不會被隨意拉走。此時，可以觀念頭，在過程中，可覺察到兩個作用，一個是能觀的作用，一個是所觀的作用。能觀的心要夠清楚的觀察到所觀的對象——即念頭的轉動，然後念頭會慢慢變粗，最後放下。一組組念頭即如此來來去去，然心不為所動，清楚而明白的覺知其生起與消逝。

修行即是讓心慢慢的不斷深入、穩定，將染著的習性剝落、去蕪存菁，最終顯現清淨無染的本心。

止觀法門的修習，類似默照禪法，默是微然不動，照是清楚覺知，心在不受外境影響時，同時保持覺照的功能，清清楚楚、明明白白每個念頭的生住異滅。

建立正知、正見觀念很重要，須以佛法的正知見做為修行的依據準則。緣起法則、無常、無我，都是佛法的核心理念，如果能透徹明白佛法的理論，在觀想時即可用來做為思索觀照的對象，並證得不生不滅、緣起性空的人生本質，此時就非理論上的理解，而是真實的見證體會。

我們在日常生活中，總是緣過去、緣現在、緣未來，每一個剎那都有其因緣和合的作用，不斷的起起滅滅，每個剎那即是永恆，都是因緣具足的結果。但眾生卻不斷的攀緣，在過去與未來中擺盪，從來都不能活在當下。唯有透過修行，才能將身心鍛鍊的更敏銳、感官更警覺，更具備覺照力，在當下那個剎那，在每個外境顯現時，便只接受那個訊息，不要緣過去的經驗下判斷，也無需幻想未來的發展走向，還原事物的本來面貌。據說，得道的聖人當心中有喝茶的念頭時，他已經在喝茶了。我們凡夫俗子卻有喝茶、喝什麼茶、如何品嚐、用什麼器具等層層疊疊的念頭，從喝茶到真正茶入口之間，就是緣過去與未來，無法活在當下剎那的分別。

那一顆清淨無染的本心，是每個人本就具有的，只要往內尋求，便能如布袋和尚般，展開遍十方，入時觀自在了。

05

生活處處是禪

禪的修行是一種生活理念、態度與內心的覺照體驗，存在於日常生活的行住坐臥、每分每秒當中。

一般人可能會覺得「禪」既遙遠又抽象，事實上，**禪的修行是一種生活的理念、態度與內心的清楚覺照體驗，是存在於日常生活行住坐臥、每分每秒當中**，如藥山惟儼禪師所說：「雲在天，水在瓶」，雲水之異同清楚而明白，在面對不同生活情境，如實展現自我本性，以秋毫之纖細觀照能力明明白白度過每天的日子，坦蕩、空曠、明朗而澄靜，即能達到簡單而不假外求的禪的意境。

有一次參加一場生活禪課程的體驗，指導老師帶領學員透過書法的運筆臨摹及青山綠水的戶外修行，讓大家學習如何將禪法融入每一次的凝望、每一個動作、每一次的起心動念，在舉手投足間、在呼吸的進出……，以各種方法收攝身心、消除妄念、體驗寧靜祥和與念念分明、萬物合一的諧和狀態。

從「八式動禪」揭開序幕，在舉目所及，盡是青翠草坪及濃蔭綠樹間，透過緩慢而清晰的動作，將忙碌繁雜的心沉澱下來。之後的「托水缽」，是一個訓練感官協調與專注能力的有趣遊戲。將碗中注滿水後，以雙手捧著缽碗，慢慢行走。每次雙腳緩緩舉起、輕輕踩下的動作中，感受到如臨深淵、如履薄冰般戰戰兢兢的心情，注意力既要集中於缽中之水，小心翼翼不讓其潑灑出來，同時還要勻出心思照顧到每個步履，在高低不平土地上，平衡腳步與身體。從來沒有以那麼緩慢的速度行走，彷彿時間已經不存在了，只聽得到自己的呼吸聲與腳下窸窣落葉聲。有些人在快抵達終點時，念頭一起，結果前功盡棄；唯有放鬆身心、平常心對待，才能夠圓滿達成任務。一碗水即潛藏著無限智慧，不僅能將平日散漫心念、繁蕪思緒統合收攝，同時能夠從中得到深刻的啟發。

在「直觀」訓練中，必須以不分別、不比較、不形容的方式，用眼睛觀察身旁的花草或遠方的房舍、綠樹、山峰……，以聚焦的方法觀察；或是以模糊焦點的方式觀察，不特別只看一個標的物。用耳朵聽大地的聲音，如水、蟲鳴、風、雨、鳥叫、天籟、人語等，選擇其中之一清楚放鬆的聆聽；或是不特別選擇，將所有聲音都聽進去，不做任何比較與分別。

剛開始的確很難，要將目光與心念專注於某樣東西上，不讓任何念頭升起，對於習慣以大腦思索分析所有進入腦中資訊與影像的我們，是高難度挑戰。如狡猾的老鼠般，隨時隨地奔跑逃竄的意念，冷不防便跑出來攪和作弄一番。只有那微細的幾秒鐘時間，感覺舉目所望來去移動的物體似乎越來越清晰，恍若從背景中忽地跳脫出來，在極短暫間隙，視野與感知能力變得敏銳而寬闊，自身與大地融合為一；然下一秒鐘，搗蛋的老鼠又不安分的跳脫出來，打斷了短暫的清明時刻。

「走路禪」是一項既簡單又效果恢宏的禪修法門，在四十分鐘的時間裏，全心全意專注於行走，可以感受到原來當腳踩踏在柔軟草皮、冷硬土地或是清脆落葉上時，觸感完全不同，且會牽引著雙腳碰觸地面時力道之差異。在走了大約一半過程後，心逐漸寧靜沉澱下來，和風煦煦吹拂臉頰，遠處有啁啁鳥鳴及孩童戲語，時間長河在這一刻靜悄悄緩慢流動著，只餘雙足不停地移動往前行，似乎亙古以來便如此行走，前無古人，後無來者，「列子御風而行，泠然善也」是何等美妙境界。**心裏沒有雜念，只是專心一志默默走著，似乎可以**

這樣一路行走下去，沒有起點、沒有結束，走到天地的盡頭，走進永恆的虛空。

事事無常，萬物為空。**當我們與身旁所有事物不分彼此、融為一體，讓萬物安住於心靈中，以最真實的面貌呈現，念念分明的呼吸，念念分明的走路，便能發掘生命的實相與宇宙的真理。**道元禪師在《正法眼藏》的「辨道話」中說：「如擊空之響，撞之前後，妙聲綿綿。」撞擊空性所引爆出來的美妙聲音，是一種無聲之聲，不是用耳朵聆聽，而是用心仔細體會，唯有活在當下，以開放的胸懷生活著，便能體解生命的來去、一切的變化無常，就如同太陽的升起降落、花朵的綻放枯萎、季節的交替更換般，自然而無需質疑。

「生活禪」將禪修的觀念、方法巧妙融入日常生活中，在行走、休憩、吃飯、靜思等各種時刻，都能內外合一力行禪的概念，清楚、分明、放鬆、積極、自在、簡樸，禪就存在於運水與搬柴中，如有源律師問大珠慧海（馬祖道一的弟子）：「和尚修道，還用功否？」答曰：「用功。」問：「如何用功？」大珠慧海回答：「饑來喫飯睏來眠。」肚子饑餓的時候吃飯、睏倦的時候睡覺，就是這麼簡單。

只要將這些方法運用到每日生活當中，回歸自然樸實本性，就能時刻安心過日子。

05
停止抱怨，開始感恩

停止抱怨上天沒有給予你的，開始感激你所擁有的，
當你把人生視野角度轉個彎，將走入平安、喜樂、心想事成的境界。

感恩是所有正面心念的基礎，一個懷抱感恩心的人，通常是知足、歡喜的，即便他所處的環境並不是很完美，但因為時時感恩，讓他懂得珍惜手中所擁有的幸福，這樣的人，不快樂也難。

大部分人在接受幫助時，都會表達感謝之意，八〇%的人會覺得自己是懂得感恩之人，但口頭上的感恩、行動上的感謝，及用一顆感恩心過日子，層次上是有分別的。你對銀行、超商員工的服務表示感謝，那是一種禮貌；你請朋友、同事吃飯表示對他們相助的謝意，那是友善慷慨；你早晨醒來，到晚間上床睡覺，一天生活之中，對任何發生在身上的小事都抱持感恩的心。找到一個理想的停車位、交通號誌一路綠燈、遇到親切開朗的公車司機、燦爛的晴天、寧靜的下雨天、街邊的小花、吃到很棒的美食、陌生人的微笑、收音機播放你喜愛的歌曲；看到巷子裏為了生活日曬雨淋擺攤位的老婆婆，感恩生活沒有給你太多磨難；甚至對你辛苦行走一天的雙腳感恩，沒有他們，你寸步難行；感恩你有眼睛可以看、雙手能夠做事、感謝每個為你提供服務的人；坐捷運時，想想這是多少人辛苦工作，留下多少汗水的成果，讓你可以快捷便利在短時間到達目的地。

你可能會想：芝麻綠豆大的小事都要感恩，太麻煩了吧？

一點都不麻煩，如果你知道感恩力量的強大，可能恨不得每天說上一千遍「謝謝」，對每件毫不起眼的小事獻上祝福感謝。美國著名節目主持人歐普拉・溫芙瑞（Oprah Winfrey），她的《The Oprah Winfrey Show》（歐普拉・溫芙蕾秀）創下有史以來脫口秀收視率冠軍紀錄，影響了千千萬萬觀眾，她因此成為二十世紀最富有的非洲裔美國人。事實上，她成長於一個貧困家庭，歷經艱難困苦的童年時期，憑靠著一點機運及自己的才華、努力，創造了從前黑人婦女想都不敢想的媒體版圖。她也是感恩不遺餘力的實行者，「我開始對小事情感恩，當我越懂得感激，我的好運越多，那是因為你所聚焦的東西會擴展，如果你專注於生命中美好的事物，更多好事會被創造出來。不管生活中遭遇什麼情況都抱持感恩之心，機會、關係，甚至財富都將會蜂擁而至。」

不把任何事情視為理所當然，是培養感恩心的開始。比如說，在與朋友約定或是帶孩子郊遊踏青的日子，如果那是個晴朗的好天氣，要感恩；出遠門一趟回到家，感恩一路交通順遂、平安返家；工作繁重加班到很晚，感恩還有事情做；為子女奔波勞累，感恩還有小孩讓自己忙碌；做家事做到煩累，感謝自己還有體力操勞；帶父母上醫院看病，感恩父母尚健在，能盡一點照顧奉養的孝心……

每一個你覺得理所當然的背後，其實都有可能是更糟的情況，如果你只對明顯的「好事」，如中樂透、加薪升職、遇到貴人、孩子考上第一志願、創業成功、賺大錢……覺得感恩，那麼將會忽略生活中許許多多微細卻也美好的事情，因而錯過很多可以培福、植福的機緣。每一次的感恩，都是培養福報的絕佳機會，**當你感恩的越多，福分越深厚，好事會像滾雪球般，一件接著一件發生；相反的，如果對每件好事視為自己應得的**（take it for granted）**，那麼福氣很快便會享盡**。

前陣子，向旅行社訂了回台灣的機票，我跟老闆請求將兩張機票升等，她很為難的說：「這恐怕不容易耶，現在是暑假旺季，航空公司把位置保留起來賣都還來不及，不太可能讓你升等啦！」「沒關係，你試試看嘛，就先排候補。」當晚我在感恩日誌上寫下：「praying（祈求）機位升等成功，感恩！」然後不斷幻想好運降臨，結果沒兩天，旅行社便打來電話報告好消息，我的機位果然如願升等，在夏天機票一位難求的情況下竟然還有機會升等，真是有夠lucky！

假使你的願望並不會影響、傷害到別人，那麼**盡量的祈求、感恩，你專注的力量越大，心態越虔誠柔軟，所想所願的事成真的可能性越高**。

謝謝生命中曾經助你一臂之力的貴人，謝謝曾經帶給你一段美好回憶的同伴，謝謝生活周遭每個善待你、容忍你的親人朋友，謝謝為我們服務及讓我們生活能順利正常運作的每個人，沒有這些人，你不會走到目前這一步。停止抱怨上天沒有給予你的，開始感激你曾擁有、目前正擁有以及將來想望擁有的一切，當你把人生視野角度轉個彎，從欠缺的、倒楣的轉至豐盈的、好運的方向，你將從此走入完全不同的方向，這條路會引領你到平安、喜樂、心想事成的境界。

05

你可以過得更好

當陷入艱難處境中，記得停止怨天尤人，
試著從生命勇士的故事中，尋找勇敢過日子的信心與動力。

這個世界每天都有傷病、意外、天災等等不幸的事件發生，看見別人的苦難，提醒我們自己擁有遠比想像的還多，或許會感恩自身的境遇其實並不算太糟。當你覺得日子很苦，翻一翻報紙社會新聞版面，每天都有人在生活邊緣掙扎，你會發現自己實在沒什麼資格抱怨。

有一個小故事，深具啟發性。有位太太請了油漆匠到家裏粉刷牆壁，油漆匠一進門，看到她的丈夫雙目失明，頓時起了憐憫之心。可是男主人似乎一點也不在意，非常開朗樂觀，在接下來幾天裏，和油漆匠有說有笑，聊得很投契。當油漆粉刷完畢，油漆匠將帳單遞上，那位太太接過來一看，發現比原先談妥的價格打了個很大的折扣。她不解的問油漆匠：「你為什麼少算了這麼多？」油漆匠回答：「跟你先生在一起覺得很快樂，他使我覺得自己的境況還不算是最壞，所以減去一部分，算是我對他的一點謝意，因為他讓我把工作看得不會太苦！」

油漆匠對她丈夫的推崇，使這位太太流下了眼淚，因為這位慷慨的油漆匠只有一隻手！少了一隻手的油漆匠見到雙目失明的男主人，意識到自己與他相比，還算是幸運的，因此以積極正面的態度讓故事皆大歡喜收場。知足的人看到的是窮人、弱勢族群的苦；不知足的人看到的是富貴人家的樂。在他人的苦中，你見到自己的幸運與富足；在富貴人家的樂中，你只會看見自己的缺憾與怨艾。

多多張眼看看這個世界的苦難，會從中找到激勵自己努力生活下去的勇氣。二〇一三年四月波士頓發生驚人的爆炸案，一位年輕人傑夫・鮑曼（Jeff Bauman）失去了他的雙腿，一個多月後，他受邀到芬威球場開球，當他坐著輪椅出現時，全場數萬觀眾齊聲鼓掌為他加油喝采，傑夫以自信開朗的神情伸出大拇指比了一個「讚」的手勢，臉上掛著燦爛的微笑，一點都看不出他的人生剛經歷一場翻天覆地的轉變，真真實實是位生命的勇者。而那位天生沒有四肢的澳洲勵志傳道者尼克．胡哲（Nick Vujicic）則是透過視頻，以自己的生命見證鼓勵受害者：「即使失去了肢體，生命仍然有盼望！」

如果一位原本前途無限光明的年輕人，突然在一場莫名其妙的意外中喪失了兩條腿，而還能夠樂觀積極面對，在萬人面前接受歡呼鼓掌時露出陽光般的笑容，你難道不會滋生：「這世界還有什麼是過不去的」這樣的念頭？

“Attitude is Altitude”你的人生態度決定了人生的高度，**時刻知足感恩，把注意力轉移至比我們過得還辛苦的人身上，煩惱當下減少一半**。在助人的行動中你會忘卻所報怨的處境，並且開始珍惜已經擁有的任何東西。像尼克所說的，童年時期他也曾抱怨天生殘缺的命運，直到有次他賴以打字、書寫、游泳的腿受傷，才體悟到自己有可能更糟，應該加倍感恩所擁有的，少去想自己所不能做到的。

當陷入艱難處境中，提醒自己「情況有可能更糟！」並且停止怨天尤人，試著從這些生命勇士的故事中，尋找勇敢過日子的信心與動力。

05

感恩，幸福的開始

簡單知足和一顆感恩的心，便是幸福的開始，
無需向外追尋，我們早已擁有一切。

朋友轉來的一個視頻影片，是一位失去雙臂女孩圓夢的故事。九歲那年在一場意外中喪失了手臂，她訓練自己用雙腳洗衣、煮飯、做家事，證明即使命運之神曾經殘酷的遺棄她，她也能憑靠堅強的意志力勇敢站起來，做一個生活獨立、開朗樂觀的人。鏡頭前這位才二十出頭的年輕女孩，臉上綻放著燦爛的笑容，她的心路歷程感動無數人。

看完這段二十分鐘的影片，淚水已經在眼眶中打轉，一方面同情她的遭遇，一方面又很敬佩她的勇氣，想想她在成長過程中所遭遇到的種種委屈、痛苦，如何排除萬難，克服身體的殘缺努力過日子，這需要多堅強的心理質素和堅毅的力量。如果這樣的女孩都能夠不屈不撓用微笑面對人生，四肢健全的正常人又有什麼資格抱怨生活中的一些小小挫折與磨難。她的故事具有極大的激勵作用，我們往往從他人的艱困中才領悟自己擁有的已經很多。生活中一些微不足道、認為理所當然的東西，或許是那些不那麼幸運、背負上天考驗的人所夢寐以求卻無法獲得。

快樂的人能從微小的事物見到它的美好，西洋有句充滿哲理的話："Train your mind to see the good in everything.（訓練你的心智在每件事情中看見正向的部分），簡而言之便是凡事往正面思考。**我們的心需要不間斷地練習，才得以時時聚焦於事物美好的向度**。有時候，縱使一些表面上看起來很糟的處境，事過境遷之後，才會明瞭背後隱藏的、讓你的生命往上提升的意義。

我們也許會羡慕，為什麼有些人就是天之驕子，所有的好運、福分都發生在他（她）身上，擁有美麗外表、美滿姻緣、經濟優渥、生活中處處貴人相助……，怨嘆自己為什麼就沒有這樣的福報，但其實當你看見別人在「享受」這些外表光鮮亮麗的福氣時，不需要羨慕，因為那不是真正的幸福。享福只會讓福氣越來越少，好像提領銀行存款出來使用，餘額總有用光的時候。**真正的幸福，是屬於能給出溫暖與廣植福田的人，植福、培福才能累積福報，創造自己與他人的幸福。**

如果沒有同等的福報，卻硬要比較、強求，從「福報銀行」中超額預支，現下雖然短暫獲得快樂，但超支的部分將來還是要連本帶利償還。所以與其羨慕別人，不如自食其力，以感恩之心珍惜自己已經擁有的東西，在「福報銀行」中積累存款，才是真正有福之人。

有一次和一位朋友聊天，她說，每一次如果抱怨另一半不夠體貼，心想什麼時候才能享有被呵護、照顧的待遇時，便會生一場病，然後只能躺在床上，接受她所「期盼」的來自另一半的照顧。我開玩笑說：「你沒有那個命嘛！」當還能夠付出、給予時，是不是也應該感恩，因為「接受」的人生並不見得比較好。有個小故事，兩個人死後去天上報到準備投胎，上天問他們下輩子想要選擇什麼樣的生活，是「給予」的人生？還是「付出」的人生？結果A選擇「給予」的人生，成為樂善好施、接濟窮人的大富翁；B決定要過凡事坐享其成、「接受」的人生，於是成為了借靠別人施捨才得以溫飽的行乞者。

這個故事比較極端，不過卻提供了看待生活的另一種角度。當我們總是那個擔心、照顧、付出的人時，不免會興起不甘心、怨懟的心理，但轉念想，至少還有能力、機會可以付出，以及還有可以付出的對象。當有一天無法再付出或是失去給予的機會時，或許才會領悟所謂的「施與受」「給予及付出」「享福與植福」間微妙的關係及真實的意義。

「萬法唯心造」，選擇用什麼態度解讀、面對外在境界，決定了世界的樣貌。學習專注於挖掘生活中積極正向的能量，放大珍惜正面事物及自己所擁有，縮小看淡負面東西。當你越不在乎困擾你的對象，心便從那裏抽離出來，獲得真正的自由；每天感恩一點點，灰暗的世界會為你開始塗染一點點色彩，感恩越多，世界越豐富、越光采。**一顆感恩的心是幸福之泉的來源，每天注入新鮮的感恩活水，幸福將會源源不絕。**

如果你已經很久沒有數算自己的恩典，請開始一件一件細數，經常做如此的練習，我們的心便會習慣聚焦於美好東西，忽略那些令人起煩惱心的問題，如同前面所說：訓練你的心智在每件事情中看見正向的部分，這並不容易，尤其對偏向負面思考的人。比如裝了半滿的水杯，有人看見的是「還有」半杯水，有人看見的是「只剩」半杯水；或是登山爬到半山腰，樂觀的人想的是「已經完成一半路程」，悲觀的人想的是「才爬了一半路」。如果你是屬於後者，更應該做感恩的練習。**感恩讓我們停止抱怨，因為你無法一邊心懷感謝，一邊訴苦抱怨。**一天中，選擇三樣事情表達滿心的感恩，即便沒有什麼值得感恩，請感恩你有雙腳能夠行走，有眼睛能夠看見美麗的世界；感恩你無需挨餓受凍，在寒冷的天氣裡還有熱水洗去一整天的奔波疲憊；感恩在這充滿無常的日子，家人們每晚平安返抵家門……

真正快樂的人，不在擁有得多，而是計較得少。試著讓感恩的比重超越比較、計較的心，人生將會朝著正面積極的方向前進。**簡單知足和一顆感恩的心，便是幸福的開始，無需向外追尋，我們早已擁有一切。**

05

生命的當下你在哪裏？

生命只存在於每一個當下之中，稍縱即逝。
如果你不活在當下，將會錯過許多珍貴時刻。

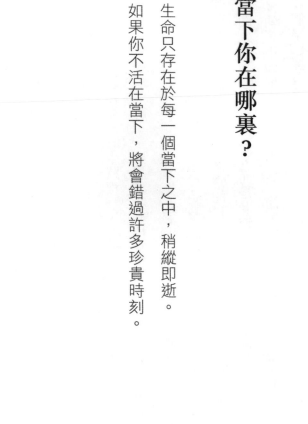

剛來美國讀書時，曾經選了一門課，上了幾堂之後，發覺和我想像的課程內容差距頗大，於是到辦公室向負責選課的職員申請退選，那位留著金色捲曲長髮的小姐向我說了一句讓我至今印象深刻的話，她說："So you are not there!"一開始，以為她誤解我缺課，後來才弄明白原來她指的是我對那門課沒有興趣。我的身體在教室，心卻不在那兒，句子中的「你」指的不是有形的身體，而是無形的mind——心思、想法、意念。

我經常思索玩味這句話，蘊含的意義真是深遠。大部分人往往身體在一個時空，心在另外一個時空，以為自己在「那裏」，其實並不在「那裏」。至於在哪裡，可能自己也搞不清楚，或許在恍神、在做白日夢，妄念雜亂紛飛，時空交錯，身心處於分離的狀態。

當你坐在辦公桌前，或是課堂教室、公車上、捷運裡、與朋友在餐廳享用美食，你能夠百分之百確定I am here!（我在這裡？）九〇%以上的人恐怕都不行，常常身體在鍵盤前，嘴巴在吃東西，手上在切菜、打掃、開車，心思卻在琢磨思索另外的念頭，大腦的思緒像個水龍頭似的嘩啦啦流洩不停。美國國家地理頻道（National Geographic）製作了一個節目《大腦遊戲》（The Brain Games），以有趣創意的方式探討大腦功能運作在日常生活中扮演的角色及影響，其中有一集討論分心、注意力分散的問題。節目安排了一位魔術師表演幻覺魔術，在過程中，布景、道具改變了，魔術師的帽子被換掉，西裝口袋多了一條手帕，面前的桌子換成高腳椅，還有許多小細節在觀眾不注意時候悄悄變更，但是從頭到尾，電視機前觀看影片的人卻毫無所覺，不是太專注於魔術表演，便是恍神、注意力不集中，以致於絲毫沒有察覺發生在眼前的種種變化。

這樣的場景相信大家都不陌生，你想得起來今天遇見的朋友服裝打扮細節？每天經過的商店櫥窗擺設是什麼？公車站牌旁的植物是哪個種類花朵？因為文字工作關係，自己是屬於內心念頭澎湃、一心數用的人，經常會掉入「視而不見」的陷阱。有一次和大兒子一起去學校接弟弟放學，車子停在一間雜貨店前面。老大看了一眼便說：「這家店怎麼外觀都不一樣了？」很久沒來這附近的他提出疑問。

「不一樣？哪裡不一樣？」我有點狐疑。「整個都不同了啊！」他回頭以一副不可置信的眼神看著我：「你來接弟弟放學難道都沒注意到嗎？」仔細一瞧，雜貨店屋簷油漆顏色似乎改變了，好像還多了個廣告布條，其它，看起來都大同小異嘛！唉，我的觀察力實在有待加強，孩子一眼便看出來整個建築有明顯變化，我卻不求甚解的每天視若無睹。不過，我有點不服氣地回他：「你很久沒來這裡當然很容易看出不同，對於每天經過的人來說，一點一滴、螞蟻搬家似的細微變化是很難察覺的啊！」

小孩子心思單純、覺知敏銳，不像大人總是思緒百轉千迴，在過去與未來之間徘迴流連。我在「這裡」，但我又不在「這裡」！沒有張開感官，用眼睛好好的看、耳朵仔細的聽、鼻子清楚的嗅聞、皮膚敏銳感受微風吹過的觸覺、嘴巴好好品嚐食物的美味。西藏佛學禪修大師詠給・明就仁波切，擅長以活潑幽默的方式教導禪法修行，他提出一種方法是將心安住在對境上，即「有所緣禪修」，利用感官與外境訓練自己專注覺知能力。如以色相為助緣的禪修，將注意力放在某個東西上，觀察其形狀、顏色、材質，光影的變化等；用耳朵覺察所聽見的聲音，不生起任何情緒反應，如覺得吵鬧、煩躁、不快，慢慢習慣聲音只不過是聲音的本相，長久以往便能以一種比較中立客觀的態度聆聽別人談話，不會輕易被聲音所可能夾帶的含意牽引。除此之外，還有以氣味、以味道為助緣的禪修，以觸覺為助緣的禪修等，當我們將心收回到感官與對境的專注上，一方面能夠學習終止內心不斷奔竄的思緒流，同時能安住於當下，讓覺知力更為細膩清晰。

就在我坐在書桌前的這個剎那，窗外飄進了小鳥啾啾鳴叫聲，有粗有細、有高亢、有低沉，不時穿插街道上汽車呼嘯而過聲響，遠方背景夾雜飛機的引擎轟轟聲音。如果張開耳朵仔細聆聽，我們所在空間充滿了各式各樣聲音，還有進入眼睛的各色風光情景，空氣裡瀰漫的各種氣味。**唯有打開感官，努力安住於所處時空環境中，才能夠從心智所建構起來的內心世界裡暫時脫離出來，喘息一下，獲得片刻的清明與寧靜。**

前兩天朋友傳來一個有趣的小遊戲，第一個圖片有六張撲克牌，從中隨機挑選一張，在心裡默念，無論你選擇的是哪張牌，都將會消失在第二張圖片中。假使你夠專注的話，很快便會發現，第二張圖片裡的撲克牌與第一張圖片中的撲克牌雖然數字相同，但是花色完全不一樣，所以不管選擇的是什麼牌，肯定不會出現於第二張圖片中。這是個小遊戲，卻能由此看見大部分人很容易被以假亂真的表相所矇騙，眼睛雖然「掃瞄」過標的物，影像卻沒進入大腦處理中心，辨別其中差異。

05

專注的功夫及覺照能力需要不斷的練習，學習「身體在哪裡，心就在那裏！」確定自己"I am here." 不在別的地方，別的時間，不在過去，也不在未來，就是在現在、此時此刻，這個地方。**試著享受當下的一切，生命只存在於每一個當下之中，稍縱即逝。如果你不活在當下，將會錯過許多珍貴時刻。**我們永遠沒有辦法回頭重新活過一次，假使在生命的每一個間隙分寸中，你都不在那裏，那麼你到底在哪裡呢？

這也是我時常需要提醒自己的。

05

活在當下的美妙

唯有時刻活在當下，才能擺脫人生的困境，
發掘本體內永恆的喜悅與和諧。

艾克哈特・托勒（Eckhart Tolle）是當代有名的心靈導師，他的著作《當下的力量》（The Power of Now）至今已在全球銷售突破兩百萬本，有無數的讀者因為他的啟發，開展了人生更寬廣、更深邃的新向度，帶來了更徹底的轉化，使他們的生命臻至更圓滿、更美好的境界。書評家讚譽它是過去十年來討論靈性生活的最重要著作，為想得到靈性開悟的人提供了近切的指引，字字珠璣、句句真理，從翻開書頁那一刻起，便逐步帶領讀者登向一個超越所有外在形象的臨在狀態，體驗到**唯有時刻活在當下，才能擺脫人生的困境，發掘本體內永恆的喜悅與和諧**。

在成為一個心靈導師之前，托勒其實一直過著一種痛苦而焦慮不安的生活，直到二十九歲生日過後不久，有天晚上，他自夢中驚醒，內心充滿恐懼，以前雖有過多次類似的經驗，但從來沒有像這次般如此強烈，他對周遭世界升起一股無以名狀的憎惡，但最讓他厭惡的卻是他自己。「我無法再跟自己生活在一起了！」他的內心反覆出現這個想法，就在這時，他突然意識到：「我是一個人還是兩個人？」「如果我無法再跟自己生活在一起，那不就表示我是兩個人，一個是我，一個是我不再想與之生活在一起的『自己』。」「他們之中說不定只有一個是真的！」

這個奇特的領悟像盞電燈泡「啪」的一聲照進托勒黑暗的心靈，他的思緒嘎然中斷，陷入了一股能量的狂流之中，不斷的將他襲捲進去，速度越來越快，完全無法招架，「我感覺自己被吸入虛空，但這虛空是在我身體裏面而非外面。」從那個夜晚之後，托勒的身心獲得了徹底的轉變，當第二天早晨醒來時，他已經不再是昔日那個憤世嫉俗、痛恨人生的憂鬱青年，他像個嬰孩般，對於展現在眼前的事物嘖嘖稱奇，一切都如此鮮明美妙。接下來兩年時間，他與世隔絕，不與任何人往來，沒有社會界定的身分地位，整天坐在公園裏的板凳上，任由最強烈的喜悅盈滿全身。

托勒所體驗到的就是許多求道者夢寐以求的「開悟」境界，因為那一瞬間極度痛苦中，在求生的本能之下，迫使他的意識從心智虛構的自我中抽離出來，而這抽離的強度如此劇烈，自我像個洩了氣的皮球般，再也無法耀武揚威、重振旗鼓，托勒於醍醐灌頂般的震撼下，重新與體內永恆的「我本是」（I am）連結起來，恢復了意識未認同於任何形相（form）之前的清明狀態，沉浸在源源不絕的靜謐喜悅當中。

心智，開悟的最大障礙

心智就是我們身體裏面那個喋喋不休的傢伙，它會不斷的思考、製造噪音，讓我們片刻不得安寧，絕大部分的人都沒辦法像關水龍頭一樣將腦袋中不間斷的思緒關掉。

認同於心智的人滿腦子都是概念、標籤、意象、文字和評斷，要從心智的束縛中解脫，托勒提出建議：成為思緒的觀察者。也就是說，**傾聽腦中的聲音，不去做任何判斷，單純做一個見證者**，此時，「你會感覺到思維的背後有一種意識的存在，那就是你最深沉的自我。」就好像遮蔽天空的烏雲飄走，靜謐祥和的藍天浮現，時間可能很短暫，但持續下去，思緒與思緒之間的空隙會越來越久，寧靜喜悅的感受會越來越深，一旦處於與內在連結的狀態，意識將更為清醒、更加清明，這便是禪宗所強調的「活在當下」的美妙時刻。

「活在當下」說起來容易，實踐起來異常困難，我們的思維總是不斷擺盪於過去與未來之間，對於過去，充滿懊悔、惱怒、羞愧、沮喪……；對於未來，則有擔憂、畏懼、害怕、徨惑……；很少能聚焦於當下，灌注全副精神於此時此刻。當我們看到一朵花，我們想：「喔，那是一朵花。」但關於那朵花的顏色、氣味、質地、觸感，卻未曾關注過。還有天上的雲朵，有誰注意過白雲的各種形狀、姿態與層出不窮的變化？這一切都是因為我們「視而不見」，雖然「看到」了，然而卻又沒有「看見」，我們的身體在這裏，心卻在別的地方。

生命就是當下

十三世紀靈性導師邁斯特・艾克哈特（Meister Eckhart）說：「時間遮蔽了光線，是我們接近上帝最大的阻礙。」所有關於靈性的教誨都以「進入當下」為最關鍵的指導，生命就是當下，沒有人能脫離當下而存在。當我們觀察心智時便能進入臨在（presence）狀態，短暫從時間中抽離，進入深沉的當下。托勒提出了兩種時間概念：「時鐘時間」（clock time）及「心理時間」（psychological time）。

「時鐘時間」即是泛指我們所熟悉的過去與未來時間，我們可以利用「時鐘時間」來檢討過去、規劃未來，但是如果無法忘記過去的錯誤，心裏充斥著懊悔、內疚、自憐的情緒；

或是訂定了計畫，卻只著眼於目標，無法享受過程的樂趣，只有擔心與煩惱，沒有任何的喜悅之情，那麼就是陷入了「心理時間」的牢籠。「時間是負面情緒與所有痛苦的根源所在。」托勒明白指出快樂與意識品質的決定指標在於你臨在的程度，**唯有擺脫心理時間的箝制，我們才能從心智的囚禁中解脫，重新與內在純粹的真我連上線。**

「所有負面情緒，焦慮、緊張、壓力、憂愁會出現，都是因為過度關注於未來；所有怨尤、哀傷、憎恨，則全是因為我們過度關注於過去，沒有好好活在當下！」所以，時間成了痛苦和煩惱的來源。托勒的這個新觀點令人豁然開朗，**只要我們願意從時間的向度中抽離出來，將每一顆細胞、每一份心力全部擺放在此時此刻，沒有過去的牽絆，也沒有未來的牽掛，我們的生命將注入無比的能量，無限廣大。**

書中指出所有的困境都只不過是一種人生處境（life situations），這種種人生處境只存在於時間之中，生命則存在於當下，「你的人生處境是心智所虛構，你的生命是真實不虛的。」打開生命廣度與深度之門的鑰匙便是：活在當下！這是再簡單不過的真理，卻被我們左腦過於旺盛的分析邏輯能力摧殘的毫無立足之地。

當我們品嚐咖啡的時候，絕大部分時間都是耽溺於心中的對話，揣想過去、計劃未來，或是忙碌著與朋友交談，我們感受不到咖啡進入體內與身體交會那一瞬間所挑起五官的反應，當色聲香味觸法（六塵）與眼耳鼻舌身意（六根）交相作用時，我們往往以為我們「聽見了」「看見了」「感覺到了」，但事實上，我們既沒看見也沒聽見，感覺更是遠離事實偏頗的離譜，因為我們根本沒有安住於當下，安住於所聽見的聲音、所看見的影像、所聞到的氣味、所品嚐的食物，身與心之間存在嚴重落差，雖不至於到行屍走肉地步，距離本來面目（不論是所相應的對象或自身）卻是遙遠的很。

不論身處何處，盡量充分運用感官，安處於所在之處，觀察光線、色彩、形狀、質地、氣味，試著不要加以評斷，只是讓這些本如是（isness）的樣貌進入你的心中，就像鏡子如實呈現所有形象。**當我們能從邏輯分析、價值評論的多年陋習中解放，才能走出心智虛構出來的假象世界，真正進入臨在的殿堂。**

情感關係的修行

托勒認為除非擁有臨在（presence）的意識頻率，否則所有人際關係（特別是情感關係）最後必定會千瘡百孔、愛恨交加，熱戀時期的甜蜜，沒多久便會被不滿、猜忌、衝突、嫉妒等情緒所淹沒，最後在天平的兩端，痛苦比歡樂還沉重，負面的相處對應模式最後將帶來毀滅性的結果。要想擁有和諧平衡的親密兩性關係，首先要完全接受對方的一切，不要妄想改變你的伴侶，停止評斷自己，也停止評斷對方，「不再有受害者和加害者，不再有指控者和被指控者……，你們將以獨立人格彼此相愛，或是共同深入當下，深入本體。」

不落入對方固定反應模式中，以旁觀者姿態知道（knowing）另一半的言語、行動及背後的動機、用意，但不隨之起舞，當你的意識脫離小我的作用，進入當下時空，意識頻率將會影響對方，此時，環繞你們的高層次能量場裏，沒有假象、沒有痛苦、沒有爭執、沒有虛偽，唯有那至高純粹的愛能容身其中，「這便是神性（divine）的自我實現！」。

我們常常假借愛的名義，做了許多傷害別人也傷害自己的行為，因為愛而產生了需索、嫉恨、怨尤、占有……，這樣的愛只是心智的產物，需借靠外在的變與不變才能生存，是脆弱、不堪一擊的。當一種「愛」要依附於外貌、身分、地位、財富等表相上時，這並非真正的愛，而只能是種依戀的關係。真正的愛，不是由外而生，它不會因外在有形世界的變化而消失，是屬於本體狀態的一部分。當至高之愛閃現時，如同陽光照耀大地，沒有陰影，沒有死角，只有普愛的溫暖，所有個體將與萬物合而為一（oneness），展現永恆終極的至一生命（one life）。

下次跟伴侶爭吵時，記住，讓自己充分進入當下，不做一個按鈕機器人，隨著對方的一舉一動產生反應，唯有保持臨在，才能以清明的意識停止破壞性、愚昧的爭端。

超越快樂與不快樂

有個念頭常在我們心裏浮起：「如果能擁有這樣或那樣，我就會很幸福快樂吧！」但夢想成真後，接著又有另一個欲望升起，好像吹泡泡一樣，不斷有大大小小的夢想之泡源源飛出，這樣的追逐過程永遠不會停止，直到我們不再往外尋求，開始走進心內廣大的空間。那裏有一個小宇宙，萬事具足，沒有缺憾，沒有需要填補的黑暗洞穴，外界上演的人生戲碼絲毫動搖不了內在我本是的圓滿自在，當你認清「人生戲碼」（drama）與「生命本體」（being）的不同時，喜悅靜謐將如泉湧般汩汩流瀉。

快樂（happiness）與喜悅（joy or inner peace）是不同的，當遇到人生中重大挫折或親人離去時，你當然不會快樂，但內在和平的狀態卻是不會變動的，只要不再抗拒，完整的接受、臣服（surrender），最慘淡的境況說不定都隱含著最深的祝福，因為，絕大部分的人都在經歷最深沉的痛苦試煉、難以承受的打擊之後，才開展了靈性復甦之旅。當我們能以更高視野（vision）來看待生命的高低起伏，才明瞭所謂的至福（the higher good）往往隱藏在至痛中，如同黎明前最難熬的黑暗。

佛陀的無常之說點出了萬物興衰變化的本質，人生有時順遂、有時坎坷，**面對逆境時要懂得放下，「騰出空間讓新的週期可以開展，或讓改變可能發生，如果執著於順遂，就表示你抗拒依隨生命的流動而流動，如此，痛苦就產生了。」**

托勒在書中陳述了痛楚（pain）與受苦（suffer）的相異，前者指的是生理上的痛，後者是心理情緒上的苦，**所有的suffering皆源自於抗拒，當你接受（accept）萬事萬物本然樣貌，「一個深沉的向度就會展開，內心將感受到永恆的臨在、常駐的寂靜、超越禍福的喜悅，這就是本體所帶來的喜悅，上帝所賜予的和平。」**也許有人認為這樣的表述太過抽象，的確，當你遭逢痛楚的時候，不論是生理上的病痛，或是失去至親的傷痛，真的很難將自己抽離出來站在更高的點上，以旁觀者的姿態看待這一切，而沒有痛苦情緒的介入。

全然接受在你周遭出現的人與發生的任何事，說起來容易，做起來卻是障礙重重。因此，

○5

要想活在當下每時每刻，最好平日便開始修行鍛鍊，從小事情做起，專心於每一件手邊進行的事，專注於所接觸的每一個個體。

在超市結帳時，看一眼收銀員制服上掛的名牌，與他（她）做眼光的接觸，在心底悄悄的說：「我看見你了！」馬路上散步時，聽見小狗的叫聲，仔細張開耳朵聆聽，是大狗警覺性的狂吠，還是小狗興奮熱情的汪汪聲；聞到花香，是梔子花淡淡的飄香，還是桂花濃郁的甜香，或是豔麗玫瑰的誘人香味。讓沉睡的感官甦醒過來，收回被心智占領的地盤，當感官敏銳起來，心智的聲音就會變得微弱，因為在當下的領域裏，小我失去施展的舞台，沒有喃喃自語的聒噪，許多庸人自擾的煩惱將無所遁形。

每一刻都是最好的！

當負面情緒來襲時，托勒做了兩個建議。第一：凝視它，對自己說：「注意，此時此刻，醒來。」將這些惱人的感受當做一個警訊，提醒自己走出心智、臨於當下。第二，想像自己變成透明人，讓所有不愉快的人事物穿透你的身體，如同船過水無痕般，不影響到內在平和狀態。「如果能超越心智創造出來的種種二元對立，你將變成像一座深邃的湖泊，一切外在的境域都只是湖泊的表面，這個表面有時平靜、有時波動，然而湖的深處卻是毫無波動的。」

托勒在書中一再強調擺脫心智的束縛，而時間是餵養心智的食物，唯有強烈臨在才是解決困境的不二法門。當我們與本體搭上線，就能穿透形象的縛綁，感受到自己與他人內在散發的溫暖光芒，所有問題將從此煙消雲散，再也沒有誤解、不信任、爭執、齟齬、不痛快的人際關係，取而代之的是感同身受、慈悲祥和的本來樣貌。

禪宗公案：熊澤蕃山禪師求道多年，卻總是與開悟擦身而過。有一天他經過市場的肉舖，無意間聽到屠夫和客人的對話：「把你舖子裏最好的一塊肉給我！」客人這麼說。屠夫回答：「我這裏賣的全是上等肉，沒有一塊肉不是最好的！」蕃山一聽到這句話，當場頓悟。當你臨於當下，接納一切本然的時候，每一刻（每塊肉）都是最好的！

這就是當下的力量，開悟的智慧。

05

我在這裡，此時此刻

人生便是由無數個當下所組成，
你永遠不會在別的地方，而是在這裡，此時此刻。

我的臉書常常會有不同朋友的貼文，寫著：「在音樂廳準備聆聽一場演奏會」，或是「前往球場觀看球賽」，或「在咖啡館與好友品嚐精緻下午茶」，還是「正於某個山巔湖畔欣賞讚嘆大自然的奧妙」……，我能夠理解他們想要在第一時刻與朋友們分享快樂的時光或心裏的觸動，但每次看到類似的貼文，都不禁要想：你不在好好的欣賞音樂，或是與朋友談心、或咀嚼品賞美食、或專心沉浸於美麗景物的感動……。而出現於社群網頁上，忙著滑動手機、螢幕飛快打字張貼訊息，那個時候，你到底在哪裡？在演奏會上、餐廳裏、大自然中？還是在內心的場景、虛擬世界裏？

我們的心是如此難以安於當下，即便是在一場歡樂的聚會，可能每個人都各自拿著手機在社群網站上「打卡」，當起了低頭族，縱使眼睛看到了美景、舌頭品嚐了美食、耳朵聽到了樂聲，但是，我們的心卻不在那裏，身體與心是分離的，沒有活在當下那個剎那，而神遊於過去與未來。

生活上有許多身心不對焦的情形，我們往往不自覺，比如說，很多人可能想不起來先生、太太、小孩早上穿什麼衣服出門，或是剛剛超市員工制服名牌寫著什麼名字，昨天走的那條馬路上有什麼餐館，隔壁巷子商店是不是換了招牌，停車場停在你旁邊那輛車是福特還是雅哥，同事今天心情好嗎，你有注意到每天經過的麵包店已經不知在何時變成了一家小畫廊，或是鄰居陽台的花草正在微風中向你招手……。許多人事物不知不覺在身邊出現，然後消失，再出現，起了變化，然而我們視而未見，睜開眼睛的十六個小時當中可能有一半的時間都在「恍神」狀態，身體在這裏，心卻在虛無縹緲間。

05

有次一個電視益智節目出了一道題目：微軟的標幟包含哪幾種顏色？對於每天都要使用電腦的我來說應該是再簡單不過的事，可是就在我「紅、藍、還有那個那個……」正努力調閱記憶中影像時，身旁小男生早已脫口說出了答案：「紅、藍、黃、綠」，我很驚訝他們反應如此迅速，正要讚揚他們時，小男孩卻聳聳肩一副很不屑的樣子：「這個問題太蠢了吧，每次打開電腦都會看到，誰會不知道答案呢！」我心裏有些汗顏，小孩子心思單純，往往比大人還能活在當下，他們專注的能力遠比總是為繁瑣事情佔據腦袋的我們強大許多。

記得有一次剛從台灣探親後返美，去速食店買三明治時，我從皮包掏出了幾張紙鈔及幾個銅板預備付帳，一放到點餐櫃檯上，大兒子馬上告訴我：「你拿的是台幣十元銅板耶……」仔細一看，可不是，我把台幣十元當成美金的quarter（二十五美分硬幣）了。兩種硬幣大小尺寸差不多，顏色也相同，猛地一看真得很像，可是，在觀察敏銳、專注於當下時刻的孩子來說，真是錯的離譜！他們對於這個老媽常把馮京當馬涼的行為覺得很不可思議。

將散漫的心收回至當下，可以借靠一些練習：在商店購物結帳時，看著收銀員的名牌，記住他的名字，心裏想著，我看見你了；開車遇見紅燈，收起不耐煩的感覺，把它當作身心重新對焦的警鐘，回到當下；在餐廳裏，觀察隔壁桌客人點些什麼菜餚，注意他們的穿著打扮、聲音語氣，你可以猜出他們是什麼職業嗎？到銀行辦事，櫃台小姐是熟面孔還是新進職員，服務態度是否不同；在街道上行走時，看看兩旁商店、攤販賣些什麼，老闆娘的模樣、光臨的顧客、人來人往的街景；到野外踏青，仔細欣賞花朵的顏色、綠葉的形狀、小鳥的鳴叫聲、藍天白雲的變化……

讓心與感官連結起來，「看到」「聽到」「聞到」「吃到」「觸摸到」便是真真實實地「看到」「聽到」「聞到」「吃到」「觸摸到」。**當身體與外界接觸的那刻，心也在那裏，身與心零距離，念念分明，每一個動作都清清楚楚、明白覺知。**雖然你的心專注於眼前的影像、聲音、氣味、物體，同時也能覺察到周遭環境其它的事物與變化，因為在專注的時刻，心的敏銳度會增強，能夠感受到平日昏沉散亂所忽略、更細微的東西。

英國小說家柯南．道爾（Conan Doyle）筆下的角色福爾摩斯可以說是強烈臨在有著極端專注能力的代表人物，他能夠僅憑微小的細節做出邏輯推斷，從對方身上的菸草味、鞋底的汙泥、手勢、腔調、所閱讀的書籍、喝的飲料等，判斷出他的工作、曾經去過的地方、身家背景、興趣嗜好、人格特質等。在電影裏，他甚至與人搏鬥時，能在電光石火的剎那間推演對方將會使出的招數、自己如何反擊，一來一往的畫面迅速於腦海中播放，可能在零點一秒的時間內就必須完成模擬、出招，展開回擊，這需要高度集中的心智才能辦到。**讓散放的心如同聚光燈一般聚焦對準當下，可以減少許多心念漫遊衍生的煩惱，同時收攝身心，讓自己的觀察力更為細膩、心思更清明澄澈。**

隨時提醒自己活在當下所處的時空，好好珍惜每一刻，因為當下稍縱即逝，當你在閱讀這段文字時，當下已經成為過去。**人生便是由無數個當下所組成，你永遠不會在別的地方，而是在這裡，此時此刻。**

轉個念，
心讓世界
大不同

作　　者	曉亞
編　　輯	賴以玲
美術設計	劉錦堂
校　　對	賴以玲、鄭婷尹
發 行 人	程顯灝
總 編 輯	呂增娣
主　　編	翁瑞祐、羅德禎
編　　輯	鄭婷尹、邱昌昊 黃馨慧
美術主編	吳怡嫻
資深美編	劉錦堂
行銷總監	呂增慧
資深行銷	謝儀方
行銷企劃	李承恩
發 行 部	侯莉莉
財 務 部	許麗娟、陳美齡
印　　務	許丁財
出 版 者	四塊玉文創有限公司
總 代 理	三友圖書有限公司
地　　址	106 台北市安和路 2 段 213 號 4 樓
電　　話	(02) 2377-4155
傳　　真	(02) 2377-4355
E － mail	service@sanyau.com.tw
郵政劃撥	05844889 三友圖書有限公司
總 經 銷	大和書報圖書股份有限公司
地　　址	新北市新莊區五工五路 2 號
電　　話	(02) 8990-2588
傳　　真	(02) 2299-7900
製　　版	興旺彩色印刷製版有限公司
封面印刷	鴻海科技印刷股份有限公司
內頁印刷	靖和彩色印刷有限公司
初　　版	2017 年 1 月
定　　價	新台幣 320 元
ＩＳＢＮ	978-986-5661-99-1（平裝）

SANYAU
http://www.ju-zi.com.tw
三友圖書
友直 友諒 友多聞

國家圖書館出版品預行編目 (CIP) 資料

轉個念，心讓世界大不同 / 曉亞著 . -- 初版 . --
臺北市：四塊玉文創，2017.01
面； 公分
ISBN 978-986-5661-99-1(平裝)
1. 人生哲學 2. 修身

191.9　　105024190

廣　告　回　函
台北郵局登記證
台北廣字第2780號

地址：　　縣/市　　鄉/鎮/市/區　　路/街

段　巷　弄　號　樓

三友圖書有限公司 收

SANYAU PUBLISHING CO., LTD.

106　台北市安和路2段213號4樓

親愛的讀者：

感謝您購買《轉個念，心讓世界大不同》一書，為感謝您對本書的支持與愛護，只要填妥本回函，並寄回本社，即可成為三友圖書會員，將定期提供新書資訊及各種優惠給您。

姓名＿＿＿＿＿＿＿＿ 出生年月日＿＿＿＿＿＿＿＿＿＿＿＿＿

電話＿＿＿＿＿＿＿＿ E-mail＿＿＿＿＿＿＿＿＿＿＿＿＿＿

通訊地址＿＿＿＿＿＿＿＿＿＿＿＿＿＿＿＿＿＿＿＿＿＿＿＿＿

臉書帳號＿＿＿＿＿＿＿＿＿＿

部落格名稱＿＿＿＿＿＿＿＿＿

1 年齡

□ 18 歲以下 □ 19 歲～ 25 歲 □ 26 歲～ 35 歲 □ 36 歲～ 45 歲 □ 46 歲～ 55 歲
□ 56 歲～ 65 歲□ 66 歲～ 75 歲 □ 76 歲～ 85 歲 □ 86 歲以上

2 職業

□軍公教 □工 □商 □自由業 □服務業 □農林漁牧業 □家管 □學生
□其他＿＿＿＿＿＿＿

3 您從何處購得本書？

□網路書店 □博客來 □金石堂 □讀冊 □誠品 □其他＿＿＿＿＿＿＿
□實體書店＿＿＿＿＿＿＿

4 您從何處得知本書？

□網路書店 □博客來 □金石堂 □讀冊 □誠品 □其他＿＿＿＿＿＿＿
□實體書店＿＿＿＿＿＿＿ □ FB(微胖男女粉絲團 - 三友圖書)
□三友圖書電子報 □好好刊(季刊) □朋友推薦 □廣播媒體＿＿＿＿＿＿＿

5 您購買本書的因素有哪些？（可複選）

□作者 □內容 □圖片 □版面編排 □其他＿＿＿＿＿＿＿

6 您覺得本書的封面設計如何？

□非常滿意 □滿意 □普通 □很差 □其他＿＿＿＿＿＿＿

7 非常感謝您購買此書，您還對哪些主題有興趣？（可複選）

□中西食譜 □點心烘焙 □飲品類 □旅遊 □養生保健 □瘦身美妝 □手作 □寵物
□商業理財 □心靈療癒 □小說 □其他＿＿＿＿＿＿＿＿＿＿＿＿＿＿

8 您每個月的購書預算為多少金額？

□ 1,000 元以下 □ 1,001 ～ 2,000 元 □ 2,001 ～ 3,000 元 □ 3,001 ～ 4,000 元
□ 4,001 ～ 5,000 元 □ 5,001 元以上

9 若出版的書籍搭配贈品活動，您比較喜歡哪一類型的贈品？(可選 2 種)

□食品調味類 □鍋具類 □家電用品類 □書籍類 □生活用品類 □ DIY 手作類
□交通票券類 □展演活動票券類 □其他＿＿＿＿＿＿＿

10 您認為本書尚需改進之處？以及對我們的意見？

＿＿＿＿＿＿＿＿＿＿＿＿＿＿＿＿＿＿＿＿＿＿＿＿＿＿＿＿＿＿

感謝您的填寫，

您寶貴的建議是我們進步的動力！

【黏貼處】對折後寄回，謝謝。